上海百万在岗人员学力提升读本

危机公共关系理论与实务

上海百万在岗人员学力提升行动计划办公室 主编
邓彦龙 编著

复旦大学出版社

总 序

学习,贯穿于人的一生,从出生到终老从未间断。只是,人生不同阶段,学习的内容和方式不同。婴幼儿时,牙牙学语;青少年时,打下知识基础;成年时,了解世界,掌握技能,并开始领悟人生;老年时,习得健康知识并学会养身。

在人生各个阶段中,青少年时有学校课堂老师的教导与传授,但大部分阶段,我们仍旧需要自主学习。尤其是到了21世纪知识经济时代,自主学习已是人们充实和更新知识结构,获取有价值信息,不断满足自身需求,并最终走向成功的不二法宝。

在岗人员是城市建设和经济发展的主力军,其素养和能力很大程度上影响着城市经济、社会的发展水平。上海建设"5个中心"的目标,除了需要高、精、尖的人才外,也需要一大批高素质的劳动者;上海的可持续发展,不仅需要高端人才,更需要大量学习能力强、创造能力强、综合能力强的在岗职工。

为此,上海市教委会同上海市总工会联合启动"上海百万在岗人员学力提升行动计划",计划到2020年,完成对100万名在岗人员相应的理论知识和职业技能培训,提升他们的学习能力。计划旨在通过提升在岗人员的职业能力、学习能力和综合素养,为上海城市经济社会的不断发展提供劳动力的支撑。

在此背景下，上海开放大学的培训与教学部门通力合作，经过多方调研和反复研讨论证，设计了"互联网应用能力（初级）"和"城市公共安全管理"两个培训证书，并且组织编写了6本与培训证书对应的学习读本。其中，《信息检索基础》《电子商务导论》和《智能终端应用》读本对应于"互联网应用能力（初级）"证书，《城市公共场所大客流风险管理实务》《城市生活中的食品营养与安全》和《危机公共关系理论与实务》读本对应于"城市公共安全管理"证书。

开发一批符合在岗人员需求的读本，既是"上海百万在岗人员学力提升行动计划"项目的需求，也是成人学历继续教育的发展要求。这6本读本的选题不偏不倚，契合城市社会发展中所普遍关注的热点；读本的体例传统而不呆板，内容全面而又灵活，既符合学历教育规整的要求，又能达到培训学习灵活的目的。

这6本读本的出版，汇聚了各方人员的辛勤汗水。在读本编写过程中，"上海百万在岗人员学力提升行动计划"办公室袁雯、王宏、王伯军、夏瑛、彭海虹、唐楚杰、姚岚等领导给予了多方指导，编委团队王松华、钱滨、叶柯挺多方协调，组织专家研讨，联络出版社等；各读本的编著者张永忠、范军、陈海建、邓彦龙、李澍淞、丛健在繁忙的工作之余，组织和编写书稿，他们认真负责，全身心投入，确保了书稿的高质量；还有张国庆、吴锦帆、赵双成、贾云尉、徐志瑛、伊晓婷、黄河笑、王磊等专家，多次参与研讨工作，为读本编写和出版提供了很多宝贵建议。在此过程中，还有很多给予过我们帮助与支持的人，无法一一列举，在这里一并致以感谢和敬意。

上海百万在岗人员学力提升读本编写委员会

目 录

第一章　危机公共关系概述 ………………………… 1
- 第一节　危机公共关系的基本内涵 ………………… 3
- 第二节　危机公共关系的要素与类型 ……………… 5
- 第三节　危机公共关系的边界与基本原则 ………… 9
- 第四节　危机公共关系的社会平台 ………………… 17
- 第五节　危机公共关系的虚伪与误区 ……………… 22
- 第六节　危机公共关系的核心——组织形象 ……… 28

第二章　危机公共关系管理 ………………………… 36
- 第一节　风险社会与危机公共关系管理 …………… 37
- 第二节　危机公共关系管理的利益相关者 ………… 41
- 第三节　危机公共关系管理的议题 ………………… 51
- 第四节　危机公共关系管理的预案 ………………… 55

第三章　危机公共关系识别 ………………………… 63
- 第一节　危机公共关系的成因 ……………………… 64
- 第二节　危机公共关系的信息机制 ………………… 68
- 第三节　危机公共关系的识别机制 ………………… 75
- 第四节　危机公共关系的权变应对模式 …………… 81

第四章　危机公共关系处理 …………………………… 86
  第一节　危机公共关系的处理阶段 ………………… 88
  第二节　危机公共关系的沟通与调解 ……………… 90
  第三节　危机公共关系的应对与技巧 ……………… 95
  第四节　危机公共关系的转危为机与形象修复 …… 102

第五章　危机公共关系的媒体应对 …………………… 108
  第一节　正确理解和把握现代媒体 ………………… 109
  第二节　合理看待和利用舆论舆情 ………………… 115
  第三节　危机公共关系中媒体应对技巧 …………… 120
  第四节　危机公关中媒体关系的维护与操作 ……… 124

第六章　危机公共关系的记者应对 …………………… 133
  第一节　记者的特点及采访与提问方式 …………… 135
  第二节　危机公关中应对记者的礼仪 ……………… 140
  第三节　危机公关中应对记者的技巧 ……………… 144
  第四节　危机公关中的记者交际艺术 ……………… 147

参考文献 ………………………………………………… 157

第一章
危机公共关系概述

和一个美丽而聪慧的人相处,能使人紧张的神经放松,感情变得柔和。

——法国作家,巴尔扎克

 **学习目标**

通过对本章学习,掌握危机公共关系的基本内涵与基本原则;掌握危及公共关系的社会平台与核心;了解危机公共关系的要素与类型;了解危机公共关系的虚伪与误区。

 **导入案例**

我们生活的社会每天都发生或正在发生各式各样的事情,有群体事件、恐怖事件、自然灾害、事故灾难和公共卫生事件等,我们所在的组织每天都要面临或正在面临各式各样的公共关系,尤其是危机公共关系:

1. 2011年3月11日,日本福岛第一核电站的1号反应堆所在建筑物爆炸,2号机组的高温核燃料正在发生"泄漏事故",共有21万人紧急疏散到安全地带。

2. 2012年7月21日,北京及其周边地区遭遇暴雨及洪涝灾害,有79人因此次暴雨死亡,160.2万人受灾。

3. 2013年4月,《京华时报》向农夫山泉的"标准门"事件开炮,称农夫山泉"标准不如自来水",引发了不少群众对饮用水安全问题的强烈担忧。

4. 2015年7月14日晚,三里屯优衣库视频在微博热传,7月15日早,该视频已经火爆整个网络,有关事件的讨论和图片分享已经难以遏制。

5. 2016年4月12日,魏则西因身患晚期滑膜肉瘤去世,患病期间写下"百度,当时根本不知道有多么邪恶"话语,由此引发公众对百度搜索机制和医院科室外包等问题的广泛关注和热议。

6. 2017年4月3日,郴州市五盖山林场植树后,一辆小型货车在途经苏仙区的王仙岭后山路段时发生翻车,导致12人死亡,20人受伤。

第一节　危机公共关系的基本内涵

一、危机与公关危机的内涵

危机的概念最先由美国心理学家凯普兰(G. Caplan)提出。在凯普兰看来,每个人都会尽自己最大的努力来维持自己内心的稳定,进而实现自身与社会环境的平衡。或者说,行为个体能够利用自身已有的能力与技巧,来保持自身与社会环境的稳定状态。不过,行为个体随时都可能会遭受到对其生活目标和自我形象构成威胁的事件,假如此时的行为个体无法利用常规技能来摆脱困境,那么不安感开始产生,同时也揭开了危机发展过程的序幕。而且,一旦自身与社会环境的平衡关系被打破,那么行为个体就会陷入难以把控或是难以解决的困境,内心紧张情绪的迅速累积又会进一步加重思维与行为的紊乱,甚至出现无所适从的状况,这种失衡状态就是危机状态。简而言之,危机意味着平衡与稳态被打破。凯普兰认为,危机的形成过程可以大致划分为危机前状态、易感期以及重整期等三个阶段。

公关危机（public relations crisis），即公共关系危机，主要指那些对组织的生存与发展构成威胁，影响到组织生产经济活动的正常进行，或是对组织形象产生重要损失的某些突发性事件。诸如因雷、电、风、雨以及地震等自然灾害造成的重大伤亡和财力损失；因机器伤人、厂区火灾、食物中毒而引发的重大伤亡事故；因管理和防范不善而引发的重大伤亡事故；因产品质量或社会组织行为造成的信誉危机等。关于公关危机的形成原因，可以具体归纳为自然灾害、恐怖破坏活动、安全因素、生产或管理性意外、产品质量、环境问题、劳资纠纷及罢工、组织内部贪污腐化、具有敌意的兼并、谣言或向大众传媒泄露组织内的秘密等。如果对这些危机事件处理不当，还会引起再生性或连环性重大伤亡事故和财力损失后果。总体来讲，公关危机具有紧迫性和关注性、突发性与渐进性、必然性与普遍性、严重性与建设性等特点。

二、危机公共关系的内涵

危机公共关系（crisis public relations）的准确称谓应该是"针对危机事件处理时期的公共关系工作"，也可以理解为发生危机时的公共关系管理活动。危机公共关系的主要内涵指公共关系从业人员在危机意识或危机观念的指导下，根据事前设定的危机管理计划，对当前所发生的危机事件进行预测、控制、协调与监督等处理全过程。并且，在危机发生后，能够根据预定的方案快速地运用危机管理手段来消除影响，以此来主动地引导危机时期的信息传播导向，减少危机中组织形象的损失和给公众心理带来的损害，寻求社会公众对组织的理解与谅解，进而重新树立和维持组织形象的管理活动与传播活动。英国危机公共关系专家迈克尔·里杰斯特（Michael Regester）认为,"若一个组织不能就其发生的危机与公众进行合适的沟通,不能告诉社会其针对灾难局面所采取的具体措施,不能很好地表现它对所发生事故的态度,这无疑将会给组织的信誉带来致命的损害,甚至有可能导致组织的灭亡"。

事实上,危机事件的处理,既是公共关系学的范畴,同时也是公共管理学、管理运筹学以及传播学等学科领域的研究范畴。由此看来,危机公共关系不能仅偏颇于某一行业,而是需要各行各类专家共同参与和处理。另外,危机事件具有紧迫性、突发性、不确定性和双面效应等特点,这些多重性特点决定了针对危机事件的处理将是一个由多部门、多渠道共同携手才能应对的复杂工作。随着公共关系事件的发生,相关的知识被不断普及,社会公众对危机公共关系有了一定的认识。诸如,2007年福建厦门PX项目事件、2008年"5·12"中国汶川大地震事件、三鹿毒奶粉"三聚氰胺"事件、2011年辽宁大连PX项目事件、2011年"7·23"甬温线特别重大铁路交通事故、2015年"东方之星"客船翻沉事件、2015年天津港特重大爆炸安全事故、2016年江西丰城发电厂"11·24"冷却塔施工平台坍塌特别重大事故等,这些事件的进展情况都可以让我们学习到危机公共关系的发生、发展与处理过程。

第二节　危机公共关系的要素与类型

一、危机公共关系的构成要素

危机公共关系的三个构成要素分别为组织、社会公众、传播。其中,组织是危机公共关系的主体,社会公众是危机公共关系的客体,传播是联接危机公共关系主体与客体的中介环节或媒介。缺乏主体组织,危机公共关系就没有开展的意义;缺乏客体社会公众,危机公共关系就没有了具体对象;缺乏传播媒介,危机公共关系就无法进行正常沟通。由此可见,这三个要素构成了危机公共关系的基本范畴,所有相关研究也都是围绕着这三个要素而展开的。

（一）主体——组织

组织(organization)是危机公共关系的第一构成要素,具有主导性作用,直接决定了危机公共关系的状态、活动与发展方向。从本质上来讲,危机公共关系的一切活动都是由一定的社会组织引发、运用和操作的,具体包括了危机公共关系机构和危机公共关系人员。在管理学理论中,所谓组织,就是一个具有明确目标导向、精细化逻辑结构以及协调性活动系统的社会实体,这一主体又同时与外部环境保持着密切的联系。而且,组织形成的根本动机就是为了对内部有限的资源进行有效配置,最终以最高的效率确保目标得以实现。如此看来,组织还可以定义为:为实现既定公共目标而按照一定规则、程序所构成的一种责权结构安排或是人事安排。组织的特点主要表现为系统性、稳定性、群体性、导向性、协作性和变动性。

（二）客体——社会公众

社会公众(social public)是危机公共关系传播、沟通的对象,是危机公共关系的客体,也是对组织的危机公共关系进行评价的对象。不过,社会公众并不是完全被动或被随意摆布的。而且社会公众会主动地对公关主体的政策、行为做出相应的反应,从而对公关主体形成社会压力和舆论压力。危机公共关系是由组织运行过程中涉及的个人关系、群体关系、组织关系共同构成的,这些个人、群体和组织构成了组织的公众关系。

危机公共关系要协调的是组织与社会公众之间的关系,其中,社会公众构成了组织的社会生态环境,而任何一个组织都处在一定的内外部环境之中,这个环境就是指组织所面临的各种社会条件以及各类内外部公众。总体来看,社会公众具有以下特点:是无数个人与群体的组合;对主体组织的诉求具有一致性;对解决问题的价值取向拥有不同意见;不同的公众具有明显的差异。

(三)媒介——传播

传播(dissemination)是组织开展危机公共关系工作的工具与手段,是联系组织与社会公众的桥梁和纽带。组织与社会公众之间的沟通较大程度上要凭借传播来完成,如果这二者之间产生了误解,那么极有可能是沟通不够、信息不畅、传播不足造成的。因此,在危机公共关系中,要充分认识到传播的中介作用,充分利用有效的传播手段来开展富有成效的危机公共关系工作,进而使得社会公众充分了解、理解组织的面貌与意图,并获取预期的经济效益与社会效益。在传播过程中,通常需要解决好谁来传播、传播什么以及如何传播等问题。其一,传播的主角无疑是人,因为人是传播的最主要、最重要方面,人与人之间的信息传播是一个十分庞杂且复杂烦琐的综合系统。其二,传播的核心内容就是信息,这些信息可以从不同的角度划分成千上万个类别。其三,如何传播涉及传播的方式与手段问题,而传播的具体方式就是通讯卫星、广播、电视、电影、图书、电话、电报、互联网、移动网络等系列信息工具。

二、危机公共关系的主要类型

根据不同的视角或是不同的分类标准,危机公共关系可以划分为不同的类别,所对应的危机处理方式和应对措施也各不相同。一般来讲,危机公共关系可以划分为政府、企业及其他组织危机、硬危机与软危机、内生危机与外生危机、局部危机与全面危机、严重危机与一般危机、小型、中型、大型和特大型危机等。

(一)政府、企业及其他组织危机

政府公共危机指政府在处理国家或区域事务中突然发生的各类可能影响到社会公共秩序以及公众生活的危机事件,如恐怖活动、地震、流行病以及经济波动等。减少危机的发生并降低危机的损失的唯一途径就是提高政府预防危机、应对危机、处理危机的效率,并以此构建系统性的危机管理机制。通常,有效的危机管理机制能够将政府危机公关纳入一个规范、有序且富有条理的轨道中,从而将危机导致的损失减少到最低程度。企业公共危机包含在安全危机、战略危机、财务危机、市场危机、品牌危机、劳务危机、质量危机、人力资源危机、施工危机以及文化危机等企业内部管理的多个方面。企业的危机公关就是实现对企业危机事件有效控制,从而将危机对企业造成的潜在损失降至最低。除了政府和企业危机公关,还存在着诸如学校、慈善机构等单位和机关的危机公关。

(二)硬危机与软危机

硬危机通常是由自然环境和宏观社会环境造成的,这类危机主要损失的是物质财产等硬实力。硬危机的主要来源包括:地震、海啸、水灾、旱灾、雪灾等自然灾害;瓦斯爆炸、毒气泄漏、矿井漏水、钢炉倾斜等重大生产责任事故;飞机失事、火车相撞、轮船沉船、汽车相撞或倾翻等重大交通安全事故;核电站泄漏、赤潮、江河湖泊污染等环境安全事故。软危机则主要是由人为因素造成的,这类危机损失的是组织的信誉和美誉度。软危机的主要来源包括:产品质量严重下滑、股票暴跌等商业性危机;重大杀人案、贪污腐败、泄露国家机密、危害国家安全等人为灾害事故;销售伪劣产品、制造假药、坑骗消费者等非道德商业行为;不信守承诺、售后服务差等影响信誉行为。

(三)其他各种分类

根据危机的产生来源,可以划分为内生危机与外生危机。其中,内生危机是指由组织内部原因造成的危机事件,这类危机通常具有可预测性和主动诱发性。外在危机通常是指由外部环境或外在原因造成的危机事件,这类危机通常具有不可预测性和不可避免性。

根据危机的涉及面,可以划分为局部危机与全面危机。其中,局部危机只涉及较小部分社会公众。而全面危机则涉及较大部分的社会公众。

根据危害的严重程度,可以划分为严重危机和一般危机。其中,严重危机与社会公众的冲突面较大,直接威胁到了组织的生存。而一般性危机只是在一定程度上影响了组织的发展,且与社会公众的冲突不大。

根据危机的损害程度或危害程度,还可以划分为小型公共危机、中型公共危机、大型公共危机和特大型公共危机。

第三节 危机公共关系的边界与基本原则

一、危机公关与危机管理、公共关系

在汉语释义中,"管理"是指管理主体组织并利用其各个要素(人、财、物、信息和时空),借助管理手段,完成该组织目标的过程,主要有三层含义:一是料理和治理;二是过问和理会;三

是管束和约束。无论是何种含义,都说明管理者对管理对象具有某种约束性或辖制性,只有对组织内部才可以谈管理,对组织外部的社会公众和大众媒体,没有约束力和强制力,也就谈不上管理。所以,经常把危机管理(crisis management)称为危机沟通管理(crisis communication management),指企业、政府部门或其他组织应对各种危机情况所采取的规划决策、处置化解、员工培训以及动态调整等活动过程。例如:在危机事件发生时,公众、媒体对事件的质疑或者询问,要求及时公布事件真相的行为就不属于危机管理的范围。

公共关系(public relations)简称"PR"或"公关",指社会组织为了生存,运用双向传播的手段来协调、改善组织内部关系,从而获取公众的理解、合作与支持,对组织形象科学化、艺术化管理的社会活动过程,包括职能说、传播说、关系说、咨询说、形象说和特征综合说等不同类型定义。危机公共关系属于公共关系的一种,在危机事件发生后,面对外部的公众和媒体,危机公共关系可采取不同的方法和技巧来平衡、调整组织与社会公众、媒体之间的关系,优化组织的生存空间,提升组织无形资产价值,修复组织美誉度和形象。某种程度上来说,危机公共关系就是在公共关系出现危机的时候,依靠感情和亲和力缓和危机中的公共关系,化解由于危机事件发生而形成的诸多问题。

二、危机公共关系的边界

危机公共关系边界问题经常在危机公共关系中被忽视,容易造成两种极端。第一种极端是在本应该采取危机公关方式开展的危机事件中,却错误地采取政府管制或者诉诸司法等强制手段,造成社会公众和媒体的不良反应;第二种极端是本应该采取政府管制或者司法方式强制解决的非公共关系危机事件中,却依然采用危机公关的处理措施,导致主体或客体受害者和问题长期无法解决。在实际的处理过程中,危机公共关系的边界很难把握和确定,一方面由于危机本身的不断演化,危机公共关系触及边界面的所有事物都是需要研究的对象,不仅仅是专项意义的公共关系活动,更涵盖社会公众、媒体等接触的所有行为总和;另一方面,法律条文的界定空缺会造成危机公共关系定性不明、责任不清,社会容忍的极限程度会影响危机公共关系处理的时机,责任范围的交叉状况会导致危机公共关系职责边界模糊等。

学习示例:

"地沟油"到底归谁管(京华时报,2011年6月29日):"地沟油"指在生活中存在的各类劣质油,如回收的食用油、反复使用的炸油等,长期食用可能会引发癌症,对人体的危害极大。"地沟油"的监管涉及卫生、环保、工商管理、质量监督、市政市容等多个部门。按照现有法律规定,地沟油在生产环节,又属于质量监督管理局管理;进入餐馆,将由食品药品监督管理局查处,因其有吊销餐饮服务许可证的权力;流通环节则属工商部门查处;而泔水的回收归市政部门管理。责任范围的交叉状况的结果是"谁都管"变成了"谁都难管"。

所以,缺少明确的法律条文规定是危机公共关系存在边界模糊不清的原因,这也是导致危机公共关系无法得到及时处理的原因,责任范围的交叉状况造成的结果是"谁都管"变成"谁都难管",责任单位在危机公共关系面前来回"踢皮球"。

三、危机公共关系的基本原则

（一）预防为主原则

最好的危机公关也不如不发生危机，作为企业，平时就应该要防患于未然，建立危机防范预案，设立一条危险线。当企业的一些行为触及这条危险线时应当马上引起重视，及时处理，基本上可以防范绝大多数危机的发生，至少可以把危机控制在最小范围内。如果企业规模较大，就应该设立专门负责处理企业危机的危机公关部门，以便敏感快速地作出反应，控制或回避风险。危机处理和危机公关的重点应放在危机发生前的预防，预防与控制是成本最低、最简便的方法。

学习示例：

海尔集团总裁张瑞敏当众砸毁冰箱：1984年，海尔从德国引进世界一流的冰箱生产线。一年后，有用户反映海尔冰箱存在质量问题，海尔公司在给用户换货后，海尔集团首席执行官张瑞敏突击检查了仓库，发现仓库中不合格的冰箱还有76台，虽然不影响冰箱制冷功能，但外观有划痕。张瑞敏决定将这些冰箱当众砸毁，并提出"有缺陷的产品就是不合格产品"的观点，在社会上引起极大的震动。作为一种企业的行为，海尔砸冰箱事件不仅从企业产品、服务的缺陷中透视出危机的征兆，更采用适当的方式控制住危机的发展，改变海尔员工的质量观念，为企业赢得美誉。

在危机公共关系的基本原则中，预防为主原则是付出代价最小、收获效益最高的原则，一方面要求组织成员做好危机的防范预案工作，另一方面也要求组织管理者拥有敏锐的危机意识,从源头上遏止危机的发展和蔓延。作为一种企业的行为,海尔砸冰箱事件反映出管理者重视企业产品、服务缺陷中透视出危机的征兆,更采用适当的方式控制住危机的发展,改变海尔员工的质量观念,为企业赢得美誉。

(二)维护形象原则

任何组织或者单位危机公关的根本目的是维护自身形象,应对危机事件时,不能只考虑硬实力的损失,更应该考虑软实力的损失,尤其对组织或者单位形象的维护可以增加无形资产的价值。诸多的案例表明,危机事件处理中,尽管组织或者单位的硬实力有所损失,但是形象维护的软实力没有损失,信誉和美誉得到保全,只要危机处理措施适当,组织或者单位可以在短期内振兴和复苏。所以,要努力减少对组织形象带来的损失,争取获得社会公众、媒体谅解和信任,只要有当事方受到牵连甚至伤害,就应该公开道歉以示诚意,甚至给予物质补偿,挽回社会影响。

学习示例:

贝因美:危机风暴中的虚惊:2009年3月17日,质检总局公布了最新一批进境不合格食品和化妆品名单,其中,贝因美集团有限公司从美国进口的两批共37吨乳清蛋白粉检出含有阪崎杆菌。阪崎杆菌通常不对人体健康产生危害,但对新生儿可致病,严重可导致败血症、脑膜炎等。浙江贝因美科工贸股份有限公司立即启动危机应对措施,紧急向传媒说明相关原料已经被拦截或销毁,保证没有用于生产任何产品,也没有流入市场,对此次危机的发生,贝因美宣称危机的爆发是因为竞争对手恶意攻击所致。贝因美危机处理速度反应很快,同时其强有力的媒体关系也迅速压下许多打算跟进的媒体报道,对维护公司形象起到关键作用。

维护形象原则是组织长远生存和发展之道,在危机处理过程中贝因美的反应速度很快。此外,其强有力的媒体关系也迅速压下许多打算跟进的媒体报道,对维护公司形象起到关键作用,对企业的市场销售没有显著影响。

(三)沟通再沟通原则

沟通是危机公共关系处理的中心内容,对组织或者单位而言,与企业员工、相关企业组织、消费者、产品经销商、股东、媒体以及政府部门等利益相关者的沟通和再沟通工作是不可避免的工作,对于化解危机公共关系带来的负面效应有最佳的作用。组织或者单位必须树立强烈的沟通再沟通意识,建立危机公共关系应急沟通机制,危机事件发生时快速启动,及时发布事件真相、处理过程,以正视听,杜绝谣言,稳定公众情绪,争取社会舆论的支持。

学习示例:

索尼公司的及时沟通:2006年9月25日,尼康、佳能等八家数码相机厂商先后宣布由于采用了索尼生产的CCD部件,导致部分数码相机产品存在质量问题。索尼得到消息后在许多媒体及消费者还不知情的情况下,主动在自己网站上公布维修通知,把出现问题的原因进行了描述,并提出了相关解决的方案,同时实行免费检测和维修及免费更换元器件。索尼方面表示:更换元器件公告五年内有效,对于前述原因导致的采取收费维修的用户,索尼将返还当时的维修费用,维修费用返还的措施在公告发布后六个月内有效。及时的沟通,真诚的态度,使索尼轻松度过了这次危机,没有造成更大的负面影响。

如果说预防为主的原则是危机公共关系的事前处置,那沟通再沟通的原则就是危机公共关系的事中协调。主动的作为,及时的沟通,真诚的态度,既阻绝了小道谣言的滋生,又获取了社会舆论的理解,使索尼轻松地度过这次危机,没有造成更大的负面影响。

（四）稳定情绪原则

社会公众的不良情绪对危机公共关系存在极大的破坏性,群体性事件的发生往往在于群体集聚过程中激化情绪导致的对立。有时候危机事件原因比较简单,处理起来也并不复杂,但是如果当事人或者社会公众情绪激动时,组织和单位又不采取处置危机公共关系的措施,任由群众情绪发酵,媒体消息扩散,不明就里的群众情绪越发激动,局面将无法控制。危机事件发生以后的首要任务就是安抚情绪,大群体化为小群体,小群体变为个体,让群体成员充分表达意见,倾听不同方向的声音,这样危机事件才能更好地解决。

学习示例：

孟连群体事件启示:2008 年 7 月 19 日,普洱市孟连傣族拉祜族佤族自治县发生一起群体性突发事件,执行任务的公安民警被不明真相的五百多名群众围攻、殴打,冲突过程中,民警被迫使用防暴枪自卫,两人被击中致死。事件发生后,党中央、国务院高度重视,社会广泛关注,经过四天的艰苦努力，事件处置工作取得了初步成果，局势较为平稳，伤亡人员得到妥善安置，群众情绪基本缓和。"孟连事件"表面上是警民冲突，实质上是胶农与企业之间的经济纠纷长期得不到解决，致使胶农对橡胶公司的积怨逐步演变为对基层党委、政府的强烈不满。

　　孟连群体事件的发生，突显政府组织在危机公共关系管理上的能力缺失，一是缺少必要的危机处置预案，二是缺少相应的沟通协调机制，而更为重要的是缺少稳定胶农情绪的具体措施，当负面情绪积攒已久，危机的爆发属于必然。

（五）善待媒体原则

　　媒体的主要工作是报道具有新闻价值的事件，而危机事件是新近发生但还没有广泛知道的事件，存在可报道性、可追踪性和社会轰动效应。危机事件发生以后，组织或者单位最佳行为应该是及时与媒体沟通，将真实信息和有说服力的事实公布出来，赢得处理事件的主动权，赢得社会公众和媒体的同情和支持。如果单位或者组织不配合媒体、不沟通公众、不及时公布事实真相，媒体就可以通过其他渠道深入迂回采访，获取更多本不可能得到的信息，让单位或组织处于被动之中，社会舆论压力就会随之而来。

学习示例：

　　海底捞勾兑门：2011年8月22日早，《北京娱乐信报》的一篇报道《记者卧底"海底捞"·揭秘》，直指骨汤勾兑、产品不称重、员工偷吃等问题，引起社会的轩然大波。当日下午15:02，海底捞官网及官方微博发出《关于媒体报道事件的说明》,声明的语气诚恳,承认勾兑事实及其他存在的问题,感谢媒体监督,并对勾兑问题进行客观澄清。随后,海底捞掌门人张勇邀请媒体记者,全程记录骨汤勾兑过程,视频、照片瞬间布满网络,事件就此画上圆满句号。

因此,新闻媒体既是危机公共关系的制造者,也是危机公共关系的终结者,它在危机公共关系中的作用是揭露真相和传播信息。在勾兑门事件发生后,海底捞积极与新闻媒体沟通对接,配合新闻媒体的事件调查,海底捞的做法值得借鉴。

第四节 危机公共关系的社会平台

社会自身的运行在一定程度上有消除和化解危机公共关系的能力,即使没有危机公关部门参与和干预,社会各类群体都会根据自己的想法和方式处理危机,包括贡献爱心、扶贫帮困、批评不合常理的现象、监督社会不当行为及抨击违背社会公德事件等。但是,社会运行过程中,社会往往倾向于采用同情弱者、以暴制暴和公私兼顾等情绪化行为处理危机公共关系,这就需要危机公共关系的社会平台作为"信息管道"发挥信息机制的功能,能够更深入、更有效地传递正规信息,保障社会公众、媒体与危机公关部门的沟通渠道畅通。

一、主动型社会平台

主动型社会平台主要作用是通过信息的展示和发布,引导社会各界获取信息渠道的正规化,消除危机事件中产生的负面不良消息,包括新闻发布会和媒体公关宣传两种形式。

(一)新闻发布会

新闻发布会是危机公关部门与社会公众、媒体之间有效沟通的社会平台,可以向公众及时传送客观、权威、真实的危机信息,主动引导社会舆论方向,对于突发性危机事件有不可或缺的重要作用。

A. 稳定社会情绪。突发性危机事件一般都是具有影响范围广、破坏程度强和冲击力度大等特点,例如恐怖袭击、水火灾害、安全事故和交通事故等。面对突发的危机事件,社会公众容易出现恐慌和无助,导致谣言四起,消极情绪不断扩散。此时,危机公关部门及时召开新闻发布会可以澄清事实,起到安定民心的"稳定器"作用。

B. 加强媒体沟通。突发性危机事件会对社会公众的切身利益造成影响,而媒体是社会公众在危机事件发生后能够了解真实情况的重要来源,危机公关部门及时召开新闻发布会可以保障社会公众的知情权,提升媒体与危机公关部门沟通效果。否则,社会公众将会对公共部门产生质疑,严重时甚至会引发信任危机,损害公共部门形象。

C. 控制舆论导向。突发性危机事件中的媒体对社会公众的事件认知有关键的引导作用,能使社会公众对危机有正确、合理的认识,避免谣言的"共鸣效应"、"三人成虎效应"和"雪崩效应"对危机公共关系的不利影响,安定社会情绪,稳定社会秩序。危机公关部门要充分利用新闻发布会制度,积极形成正向的舆论导向,防范谣言的肆意散播。

(二)媒体公关宣传

媒体公关宣传作为公共传播的一种形式,已经成为公共部门与社会公众沟通的桥梁，在传达公共部门意识，疏导社会心理、缓和危机冲突方面发挥重要作用。具体表现在：首先是安定社会情绪，媒体公关宣传的受众面广，主动传播有关危机的信息，可以作为一种预防机制，在危机事件发生前充分沟通信息，安抚公众的情绪；其次是教育社会公众，有效的媒体公关宣传可以得到公众的认同，提高人们的思想觉悟和道德修养，唤起公众对社会问题的自觉关注和积极参与，杜绝谣言的萌芽和产生；再次是维护组织形象，危机事件发生会给组织或单位的信誉造成损害，媒体公关宣传是危机公关部门负责任的表现，显示出真诚解决问题的态度，展现正面的组织形象；最后是激发社会责任感，危机事件发生前后的媒体公关宣传，能带动社会公众自发地参与到危机公共关系的处理中，承担自己公民应尽的义务，缓解危机的消极影响和重构社会的公正秩序。然而，媒体公关宣传也存在局限性：

A. 消息传播的滞后性。在危机事件发生前后，媒体公关宣传由于传播过程的时效性，不一定在投放出来后立马发挥作用，需要不间断地持续积累才能逐渐消除社会公众的疑虑。

B. 宣传主题的模糊性。媒体公关宣传涉及范围广，如果宣传主题不够突出、主旨不够鲜明，宣传的图像、文字和音乐等表现要素不能较好地糅合和统一，也就不能产生共鸣，达不到预期的积极效果。

C. 公关内容的单一性。危机事件发生后，如果公关部门过多进行媒体公关宣传，再加上在宣传制作中的粗制滥造，在表现形式中的乏善可陈，反而会引起社会公众的反感和厌恶。

二、互动型社会平台

互动型社会平台主要作用是通过社会公众的广泛参与和

互动,加强信息传播和深层次的交流,从而在危机事件发生时获得社会各界理解、支持与配合,包括危机公关听证会和开放式参观两种形式。

(一)危机公关听证会

危机公关听证会是在危机公共关系发生后,在公共部门对危机处理决定前,举行听证会来获取受到危机影响的社会公众的相关意见、反馈信息的程序,作为一种双向沟通的社会平台,对危机公共关系的处理有极其重要的意义。

A. 良性沟通机制。危机公关听证会为危机事件发生后的利益相关者提供了平等的交流机会,加强社会公众、媒体对公共部门行为的约束能力和监督效能,促使危机公共关系得以公正地解决。

B. 协调各方利益。危机公关听证会最终目标是有效地缓解和化解危机公共关系,在听证会上,各方利益团体和社会公众代表陈述自己观点,表达利益诉求,公开、公正和理性的沟通,使危机公关部门恰到好处地把握各种利益关系,合理处置危机公共关系。

C. 维护组织形象。危机公关听证会的举行是公共部门负责任的态度,凭借社会公众和媒体对危机公共关系处理的质询,塑造亲民的良好形象,增加彼此的信任和关系,从而高效、负责和透明地化解危机。

D. 防止危机扩大。危机公关听证会主动与社会公众、媒体交流沟通,互通有无,促使各方参与到危机事件的解决,从不同层面、不同视角剖析危机事件的发生原因和解决方案,提高公共部门的运作效率,增强决策的科学性和严谨性,对防止危机范围的扩大发挥重要作用。

（二）开放式参观

开放式参观活动是定期或不定期对社会公众、媒体开放办公地点、生产区域和工作成果等各方面状况的行为。定期的开放式活动是向普通民众开放，无论是任何群体，只要符合规定都可以参观，如：白宫的开放日活动（周二至周四：07：30—11：00，周五：07：30—12：00，周六：07：30—13：00）、上海绿地申花足球俱乐部的球迷开放日活动等，这类开放式活动一般时间较长甚至成为日常工作，目的是争取更多的普通民众前往参观，增进彼此的了解和信任。不定期的开放式活动是向特定的公众、媒体开放，如消费者代表、生产者代表、股东权益代表和新闻界相关媒体、记者等，只有接收到公关部门的邀请和通知才能参与活动，这类活动持续的时间比较短，最多也就半天或者一天时间，由接待方安排专门的人员和规划专门的路线，目的是对某一特定的危机事件澄清真相或者重塑组织和单位的信誉和形象。虽然开放式参观活动作为社会平台对缓解危机公共关系存在着重要意义，但也存在值得注意的问题：

A. 明确参观目的。危机公共关系中组织的参观活动，要比普通的参观活动更具有针对性、指向性，是否有利于缓解当前危机事件的舆论压力，是否在参观过程中能够突显活动效果，都是需要慎重考虑的问题。

B. 媒体公关结合。危机公共关系中的开放式参观活动，如果没有发挥媒体的新闻传播作用，对化解危机事件产生的矛盾作用也就相对受限，如果同时借助媒体公关宣传的力量，开放式参观平台将起到事半功倍的效果；

C. 人员管理培训。危机公共关系的开放式参观需要专业管理人员全程陪同，一方面可以提高活动举办的质量和效率，为社会公众和媒体留下良好印象，另一方面也防止参观人员的随意走动导致涉密的资料和信息泄露,造成不必要的损失。

第五节　危机公共关系的虚伪与误区

现代社会中,公共关系的概念和知识未达到普及的地步,人们提到公共关系更多的是想到"公关小姐"、"公关先生",也对危机公共关系知之甚少。但是,有些人或者组织明明知道危机公共关系,却反而利用危机公共关系去做违背个人良心、社会道德和法律规定的事情,这就是危机公共关系的虚伪与误区。

一、危机公共关系的剑走偏锋

危机公共关系对于任何组织或者单位都非常重要,违背公共关系准则和道德的应用偏差和使用不当,都会造成危机公共关系的剑走偏锋。

（一）虚假宣传

个别社会组织或者单位形象不佳,企业产品和售后服务也一般,甚至有假冒伪劣、偷税漏税和欺行霸市的现象,但是为在短期谋取经济利益,强行利用公共关系方式做企业社会宣传,夸大产品质量,传播虚假消息,误导社会公众,产生虚伪的组织形象和产品信息。在这类组织或者单位眼中,公共关系只被用来作为"敲门砖"和"遮羞布",利用社会公众、媒体来塑造名不副实的组织知名度,无限制地宣传自己,制造声势,迷惑群众。

（二）掩盖事实

危机公共关系的处理中,掩盖事实的情况可以大致地分为两种:过度宣传和文不对题。第一种过度宣传,是指组织或者单位在危机事件后挽救形象时,超过本应该匹配的美誉度和知名度,借助媒体力量不断地提升社会形象和地位,往往容易陷入虚假宣传的境地;第二种文不对题,是指危机公共关系出现后,如环境污染、劳工权益保障、使用非法童工等问题,组织或者单位非但不注重危机事件的真相,却在企业产品、社会效益和慈善行为等方面做足表面文章,到头来只会适得其反。

(三)同室操戈

危机公共关系产生的一个重要条件是市场化竞争,而市场化竞争过程中存在两条路径,要么壮大自己,提升自身品牌价值和组织形象,要么削弱对手,诋毁对手组织的美誉度和影响力。良性的市场竞争环境处于第一条路径中,是健康的组织形象的建设和塑造问题,但利用公共关系的手段,实现的却是自己不可告人的秘密,是市场化竞争中的不正常行为。同行或同业之间的互相诋毁、互相攻击,既是对危机公共关系的反动,也是对社会公众的不负责任,稍不留神就可能触碰法律的底线,害人亦害己。

学习示例:

蒙牛攻击伊利案件:2010年7月14日,蒙牛"未来星"品牌经理与北京博思智奇公关顾问有限公司共同商讨炒作打击竞争对手——伊利"QQ星儿童奶"的相关事宜,制定网络攻击方案,包括:首先寻找网络写手编写攻击性帖子,在近百个论坛发帖炒作,煽动网民的情绪;其次联系点击量较高的个人博客博主写文章发表在博客上,"推荐到门户网站首页""置顶"等操作来提高影响力;最后假冒儿童家长、孕妇等身份拟定问答稿件,来"控诉"伊利乳业有限公司,发动大量网络新闻及草根博客进行转载和评述,总计涉及费用28万元。根据警方调查,整个网络炒作历时一个月,其中点击量最高的帖子达到20余万人次。

最终,蒙牛"未来星"品牌经理被判处有期徒刑,其他相关人员均受到相应法律制裁。可见,提高自身品牌价值和组织形象必须依靠良性的市场竞争优势,同行或同业之间的相互诋毁和攻击是对社会公众的不负责任,是对法律底线的恶意触碰,不仅会损害组织自身利益,也会破坏组织原有形象。

二、互联网上的虚伪公关

网络公关公司是专业从事网络公关传播活动的企业或机构,主要业务包括:口碑营销、事件营销、微博传播、网络发稿、舆情监测、危机公关等。网络公关(PR on line)又叫线上公关或电子公关,它利用互联网的高科技表达手段营造企业形象,为现代危机公共关系提供新的思维方式、策划思路和传播媒介。但是,"网络打手"、"网络推手"、"水军"、"删帖"业务为主的网络公关公司让社会公众对网络公关存在负面印象。网络公关公司的操作流程一般有以下步骤:

A. 接收订单。网络公关公司既会承接组织或者单位由于网络上的负面新闻和口碑信息引发的危机公共关系,也会按照客户要求,捏造不良新闻内容,诋毁产品竞争对手。

B. 心理分析。网络公关公司作为信息传播的源头,开展互联网虚假公关前需要分析社会公众对于危机事件的心理状态,利用同情弱者的心态假装"受害者",利用以暴制暴的情绪假装"被害者",利用公私兼顾的心理制造"仇富"情绪等。

C. 制作网帖。网络公关公司撰写网帖经过文字加工,以假冒事件亲历者的姿态讲述事情发生过程,利用不断控诉竞争对手的卑劣手段,假装代表广大社会公众来讨回公道,或者直接歪曲事实真相,无中生有地造谣。

　　D. 雇佣人员。网络公关公司雇佣的人员一般称为"水军",发帖手严格按照分组程序,每天的任务量根据发帖数平均到人头,再领取相应的酬劳。

　　E. 密集发帖。网络公关公司每天的发帖量需要维持在十万甚至百万的计数单位,目的是在短时间内形成集束效应,也就是说社会公众对于新闻的汇集能力有限,需要在一定的时间中浏览到更多的相关新闻,才能迅速产生传播作用。

　　网络平台是一个自由、平等、开放的公共舆论空间,它的主要特点是:当某一方的声音过于强大时,独立、理性和客观的声音往往选择消退,因为任何个人都不希望逆势而上,成为网络攻击的"众矢之的",公共关系将其叫做"不对称传播"理论。正是由于这种因素扰乱正常的网络秩序,在法制建设不完善情况下,组织或者单位越来越意识到网络公共关系维护的重要性,因为网络某条抱怨微博很可能聚集为舆论洪流,以不可阻挡的力量席卷网络,让所有传统公关努力白费,如纳粹德国的戈培尔所言:谎言重复一百次就会成为真理。

学习示例:

　　罗永浩怒砸西门子冰箱:2011年11月20日,老罗英语培训创始人、网络名人罗永浩和其他一些志愿者来到北京西门子总部进行维权活动,用铁锤砸烂三台有质量问题或者设计缺陷的冰箱并递交书面要求行动,督促西门子公司立即改正拒不承认产品问题、推卸责任、忽视消费者诉求的恶劣做法,并召回有问题的冰箱。同时,罗永浩的一些志愿者还打出了"温和要求承认并解决冰箱门问题"的标牌。罗永浩还要求西门子公司负责人出面接受他们的请愿书,但经过半小时等待之后,罗永浩没能等到负责人,因为当天是周日。事件发生后,法国《挑战报》、德国《法兰克福评论报》等国外媒体都有相关报道,使事件快速演变成为国际性新闻。

所以,信息化社会背景下,开放式网络平台的微小波动都有变为惊涛骇浪的可能,成为推动事件发展的重要力量,在危机公共关系中的作用不可被忽视。

三、可恶的"媒体公关"

在信息化社会中,媒体作为传播信息的载体有一个公信力的问题,也有一个传播的道德问题,公信力就是社会公众对媒体的信任程度,传播的道德问题就是信息传播要保持原则和底线,不能编造新闻、歪曲事实、捕风捉影、借东打西,更不能蛊惑人心、煽风点火、扰乱秩序。然而,某些可恶的"媒体公关"将新闻传播当做赚钱的门路,把人为地制造危机事件当作媒体的主要工作,将公共关系的理论歪曲理解并应用,视信息传播为炒作的工具,丧失了作为媒体和个人的道德良心,社会的公信力和传播的道德意识也消失殆尽。

首先,媒体的公信力是力量。媒体的公信力如同逆水行舟,一篙不及将一泻千里,如果媒体与违法组织、单位同流合污,为虎作伥,虚假宣传来蒙骗社会公众,掩盖事实来欺骗社会公众。长久以往,社会公众凭什么信任媒体?媒体在社会公众面前又有何公信力可言?如果媒体在金钱和受众面前选择了金钱,在责任和庸俗面前选择了庸俗,众多媒体人苦心经营多年的公信力将毁于一旦。

其次,媒体的公信力是诚实。媒体的生命力来源新闻消息和信息传播的真实可靠,但有些组织和单位不愿让人知道甚至不敢让人知道真相,害怕媒体来监督自己,刊登不利的批评报道,导致所谓的"媒体公关"的现象发生,"新闻寻租"成为社会腐败利益链条中的重要环节。媒体报道开始避重就轻,媒体新闻逐渐真假难辨,淡忘作为媒体的基本职业道德,违背作为媒体的真实可靠原则。

最后,媒体公信力是责任。从传播学角度来说,媒体的一个重要责任和义务是向社会公众传达政府的各项政策法规及危机事件,同时也如实地将社会公众的意见和诉求反映给政府。媒体充当的角色就是政府与社会公众的桥梁,既要做到上传下达,也要做到下情上传,成为社会良性沟通的渠道,从而将危机公共关系化解在萌芽或者起步阶段,树立自身的公信力。但是,如果媒体愚弄社会公众并哄骗政府,则普通百姓和政府都不会放过媒体,甚至可能会成为另外的危机事件,其中的缘由道理值得深思。

媒体也需要维护自身的形象,依靠社会公众的信任和认可维护自身的形象,依靠全体媒体新闻界的工作人员共同维护自身的形象,依靠严明的工作纪律以及个人的职业操守维护自身形象。媒体不仅仅要监督社会,也需要监督自己,学会监督自己的工作人员、工作流程和工作方式,对于任何败坏媒体自身形象的事件绝不姑息,否则将自绝于众。

学习示例:

山西霍宝干河煤矿封口费事件:2008年9月28日,《中国经济视点》编辑部工作人员相志灏和《山西商报》工作人员张长年先后以报道事故为由,来到霍宝干河煤矿了解情况,在离开时电话告知矿方中国煤炭网上有关事故的帖子。为删除网上帖子,矿方约请相志灏、张长年见面,并当场支付1.5万元。张长年随后打电话给中国煤炭新闻网华北频道原负责人赵秀清删除帖子,3人将钱瓜分。同年9月底,山西长兴文化传播有限公司董事长兼总经理刘小兵得知霍宝干河煤矿发生事故后,与《法制日报》山西记者站擅自聘用人员李捐平合谋,以《法制日报》记者名义对该矿进行所谓采访,并向矿方出示了所谓曝光稿,以收取宣传费和宣传资料费的名义敲诈勒索该矿3.95万元。

但是,纸终究包不住火,在事件真相曝光后,五名涉案人员分别被判处九个月到一年的有期徒刑,作为信息中介的媒体,其公信力也受到一定程度的损害。

第六节　危机公共关系的核心
——组织形象

组织形象(organizational image),即社会公众对组织综合评价后所形成的总体印象。组织形象包括的内容很多,如组织精神、价值观念、行为规范、道德准则、经营作风、管理水平、人才实力、经济效益、福利待遇等,组织形象表现为这些要素的综合反映。

一、组织形象的特点

危机公共关系中的组织形象具有整体性、主观性、客观性和稳定性的特点。

（一）整体性

组织形象是一个有机的整体,是由组织内部诸多因素共同作用的结果,包括有形的和无形的状态,静态的和动态的状态,精神的和物质的状态等。如企业的形象就包括：产品质量、经营特色、专业管理、服务方式、企业文化、经济效益、社会贡献、技术实力、物资设备和员工素质等等。不同因素形成不同的具体形象,但具体形象只是构成企业整体的基础,而完整的企业形象是各个形象要素所构成的具体要素的总和,这才是对组织具有决定性意义的宝贵财富。当然,对于某些组织而言,可能会在一方面或少数方面的形象比较突出,原因在于组织的宣传有侧重点,社会公众也不可能全面了解组织的所有情况,这就要求组织要认真对待每一个方面、每一个环节,从而在公众心目中形成良好的总体印象。

（二）客观性

组织形象是一个组织的外在的、被公众感知或凭借感知而做出判断的事物,组织形象作为大众的主观意识反映组织本质而客观存在,也就是说组织形象所依赖的物质载体是客观事实,如组织人员是实实在在存在,组织活动是实实在在存在。所以,组织形象作为客观事物的反映,是不以人的意志为转移的,不能在虚幻的基础上构筑组织形象。组织形象的客观性还是基于一种统计规律,组织形象是组织事物本身派生的第二性,个人的意见或观点是主观的、可变的,但作为整体的社会公众意见或观点是客观的、不变的,如果不从整体来理解组织事物的第二性,则无法构成组织形象。

（三）主观性

组织形象主观性主要表现在社会公众对组织的意见或观

点上的差异。一方面社会公众本身有差异性，社会地位、价值观念、思维方式、审美标准、生活经历等各不相同，观察组织的角度、审视组织的时空维度也不相同，对同一组织或者单位及其行为的认识和评价就必定有所不同。另一方面，组织本身也有差异性，地理位置、风土人情、文化习俗、资源禀赋和经营方式等不尽如相同，会形成富有个性特点的组织形象。此外，在形象塑造和传播过程中，必然要发挥组织员工的主观能动性，渗透企业员工的思想、观念和心理色彩，体现组织形象的主观性。

（四）稳定性

组织形象受到惯性因素的影响，一旦形成就很难在短时间之内被改变，从而形成相对稳定的状态。当然，要在社会公众中塑造良好的形象并不容易，特别是在如今市场竞争激烈、产品鱼龙混杂、广告肆意泛滥的年代，要改变一种产品或一个组织在社会公众的形象更加困难。如现在许多外国人认为中国依然处于计划经济时代——购物凭票、吃饭看票、出行要票，反倒是近三十年发生的巨大变化在外国人心中并没有什么印象。组织形象的稳定性可能会产生两种结果：其一就是组织因良好形象被维持而受益，其二是组织因曾经的不良形象难以改变而受损。

二、组织形象的分类

（一）特殊形象和总体形象

组织形象按照具体内容来分，可分为特殊形象和总体形象，特殊形象指组织在某一方面或少数方面给社会公众留下的印象，可将其作为改善形象的突破口，如企业良好服务使某些顾客形成了组织"优质服务企业"的形象；而总体形象指组织各种形象因素构成的总和,也是各种特殊形象的总和,但两者又不是简单的总和。对一个组织而言,就应该努力追求总体形象和特殊形象的统一和谐。

（二）真实形象和虚拟形象

组织形象按照真实程度来分,可分为真实形象和虚拟形象,真实形象指组织留给社会公众符合组织实际情况的形象,而虚拟形象则是组织留给公众的不符合组织实际情况的形象。虚拟形象形成的原因是多方面的,既有传播过程中信息的失真,也可能有社会公众评价的主观性、偏向性原因。但是,真实形象不一定是好形象,而虚拟形象也未必等于坏形象,如企业经营的伪劣产品被曝光在公众中形成的一个不好形象是真实形象,而一个骗子在被揭穿之前的公众楷模形象往往是虚拟形象。

（三）有形形象和无形形象

组织形象按照可见性来分,可以分为有形形象和无形形象,有形形象指组织中可以通过社会公众的感觉器官直接感觉到的组织对象,包括产品形象,如产品质量等、建筑物形象、员工面貌、实体形象,如市场形象、技术形象。无形形象则是通过社会公众的抽象思维和逻辑思维而形成的观念形象,虽然形象看不见,但是可能更接近组织形象的本质,是组织形象的最高层次,包括经营宗旨、经营哲学、企业精神、企业信誉、企业文化等。无形形象往往比有形形象更有价值,如对可口可乐、索尼、劳斯莱斯等企业而言,企业信誉、客户口碑等无形形象要比机器设备和固定厂房重要得多。

此外,组织形象按照现实性来分,可以分为实际形象和期望形象;按照表现形式来分,又可以分为国家形象、区域形象、政府形象和大学形象等。

三、组织形象的作用

组织形象是一个组织核心竞争力的外在表现,有什么样的核心竞争力,就会有什么样的组织形象。以企业为例,企业的核心竞争力,包括资金、设备、厂房、技术、效益和产品等,决定企业拥有的组织形象,即企业的核心竞争力越强,则企业的组织形象越好;反过来,企业的社会口碑越好,也会促进企业核心竞争力的形成。现代社会中,组织形象代表的核心竞争力,对组织生存和发展有着直接或间接的影响,破坏最严重的不是天灾人祸,而是危机公共关系的核心问题——组织形象危机。

(一)知名度和美誉度

知名度和美誉度是组织形象中的两个核心要素,知名度是社会公众对组织的知晓程度,美誉度是社会公众对组织的赞美程度,主要回答两个问题:知道与否和好坏与否。知名度和美誉度的关系可以作为评价组织形象的两个主轴,对组织知名度和美誉度的判断可以量化组织形象,获得组织形象分析结果。例如:湖南汝城热水温泉美誉度很高,具有"水温高、流量大、水质好、含氡高"四大特点,一般91.5度,最高98度,温泉水中含30多种对人体有益的微量元素,特别是氡的含量达142埃曼,是举世罕见的"氡泉",但由于旅游开发时间较晚,暂时不被社会公众熟知,也就导致知名度较低。当然,组织形象的知名度和美誉度也存在相对性,一些组织在某一行业或者区域有较高的知名度和美誉度,但是如果换个行业或者区域比较的话,知名度和美誉度也许会下降。例如:北京大学、清华大学和复旦大学都是全国顶尖高校,享有很高的知名度和美誉度,但是在世界范围内,三所大学的排名与哈佛大学、斯坦福大学和剑桥大学比较可就不尽如人意,知名度和美誉度都无法相比。

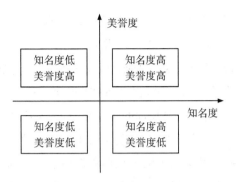

图 1-1　知名度与美誉度关系图

公共关系围绕着知名度和美誉度做文章,而危机公共关系则围绕着美誉度下工夫。危机事件及之后的媒体传播已经让组织的知名度在一定范围内声名鹊起,尽管这种知名度提升得很突然也很被动,但如果再让组织美誉度受损,即知名度超高而美誉度超低的局面,对组织形象将会是致命的打击。危机事件处理的理想状态是"转危为机",将组织的美誉度提升到与知名度匹配的位置,目标状态是维持组织的美誉度不变,适当地拉低组织知名度给危机公共关系降降温、消消火,而下等状态是组织的美誉度出现下滑,导致组织形象臭名昭著。

（二）组织形象与危机公共关系

组织形象问题是危机公共关系理论的核心问题,组织形象概念则是危机公共关系理论概念群中的核心概念,甚至可以说危机公共关系就是关于组织形象问题的学问。在早期社会中,争取民心和吸收民意的活动称为"准"公共关系,而在艾维·李[①]之后的现代公共关系中,作为主体的社会组织不得不选择

---

① 艾维·李(1877—1934),美国著名记者,普林斯顿大学毕业,曾就读哈佛大学法学院,被称为"现代公共关系之父"。

主动地塑造和维护组织形象,尤其是在危机发生后,如何维护和修复组织形象成为公共关系重要议题;无论是艾维·李的"公众要被告知"公共关系原则,或是爱德华·伯奈斯[①]的"投公众所好"公共关系理论,再到现代"双向对称的公共关系模式"的出现,任何组织要长远的生存和发展,都必须考虑组织在社会公众心目中的形象问题;鉴于组织形象和核心竞争力的辩证关系,危机公共关系下的组织形象损耗已经成为引发组织严重危机的主要和直接原因,如2011年初发生的家乐福和沃尔玛的"欺诈门"事件让两家零售巨头损失惨重,国家发改委要求依法予以严肃处理,没收违法所得,并处违法所得五倍罚款。

学习示例:

　　王老吉"添加门",上火与去火:2009年4月13日,杭州消费者起诉王老吉,称自己的胃溃疡是由于饮用王老吉所致。5月11日,国家疾控中心营养与食品安全所常务副所长严卫星给红罐王老吉定了性:王老吉中的有些成分和原料,不在食品安全法已经规定的既是食品又是药品的名单之列,王老吉卷入"添加门"危机风波骤然掀起。5月12日,广东食品协会就紧急召开记者招待会,称王老吉凉茶中含夏枯草配方属于合法行为,不存在添加物违规问题。事发仅四天,卫生部也发布声明确认王老吉凉茶在2005年已备案,认可夏枯草的安全性。由于王老吉的巨大知名度与品牌影响力,"添加门"事件发生之后,迅速点燃众多媒体的兴奋点,在客观报道同时,各种各样谣言与

---

① 爱德华·伯奈斯(1891—1995)出生于奥地利维也纳,被誉为公关理论发展史上里程碑的著作《透视民意》的作者,被称为"公共关系理论之父"。

攻击也铺天盖地而来,让王老吉一时间背负着巨大的舆论压力。

然而,出乎意料的是王老吉却想方设法地拒绝回应,由于巨大知名度与品牌影响力,危机公共关系中组织形象损耗难以避免,浙江、上海、大连、成都等多地即有部分超市准备将产品下架,当地的经销商则要求退货。

 思考题

1. 危机公共关系的基本原则包括哪些?现在社会中,您觉得哪项原则最重要?请说明理由。

2. 危机公共关系可运用的社会平台包括哪些?如果企业的产品被曝光存在质量问题,您认为应该如何运用社会平台处理危机公共关系?

3. 您如何看待危机公共关系的虚伪与误区?

第二章

危机公共关系管理

只有经过地狱般的磨炼,才能练出创造天堂的力量。

——印度诗人,泰戈尔

 **学习目标**

通过对本章学习,掌握风险社会中的危机公共关系管理;掌握危机公共关系管理议题的基本模式;学会运用危机公共关系管理的利益相关者模型;了解危机公共关系管理的预案。

 导入案例

1986年,德国著名的社会学家乌尔里希·贝克出版《风险社会:新型现代的未来出路》,同年苏联发生震惊世界的切尔诺贝利核电站泄漏事件。在2006年4月,"绿色和平"组织披露,这场世界上最为严重的核泄漏事故的危害程度要比当时的评估高出十倍,泄漏物将在未来造成约十万人死亡。这场危机事件启示我们,现代社会的种种弊端和人类追求物质过程中积累的各种"症候"开始发作,风险无处不在,危机层出不穷。

第一节 风险社会与危机公共关系管理

一、风险社会的概念和特征

"风险社会"概念首先由德国社会学家乌尔里希·贝克在《风险社会:新型现代的未来出路》一书中提出,人类历史上各个时期的各种社会形态从某种意义上来说都是一种社会风险,在后工业化社会时期,人类成为风险的主要生产者和制造者,风险的概念和特征也因此发生根本性的变化,出现了现代意义上的"风险社会"雏形。主要体现在两点:一是风险的"人为化",伴随着社会文明的发展与进步,人类对自然的认识、控制和改造能力不断加强,其决策和行动对自然和社会本身的影响力也不断加强,从而风险结构也由自然风险为主逐渐演变成人类决策和行为不确定性占主导;二是风险的"制度化",人类自身具有规避损失的本能和偏好冒险的天性,现代国家建立的一系列社会保障制度为损失规避提供规范性的框架,而市场交易制度为冒险行为提供可实现的环境,然而无论是社会保障制度还是市场交易制度,其本身也存在运转失灵的风险,从而将"风险的制度化"转变成"制度化风险"。

　　风险的"人为化"和"制度化"是"风险社会"雏形的重要表现,但是风险社会的理论体系尚未完成,只能从现有研究资料中归纳出风险社会的特征:第一是风险的全球性,不同于以往社会阶段所出现的风险,现代社会的风险已经突破地区和国家的界限,成为需要全世界共同面对的难题。例如:华尔街金融危机、ISIS恐怖主义威胁、非洲埃博拉病毒风波等等;第二是风险的人为性,后工业化社会的科学技术进步极大地改变人们生产和生活方式,应对风险的方式由原来的被动反应变为主动制造,加之人类社会内部固有的矛盾,现代社会的风险更多的是人类自身创造的产物。例如:日本东京核电站原料泄漏事件、美国墨西哥湾原油泄漏事件等;第三是风险的二重性,一方面风险的破坏性会给人类社会正常活动带来严重的危害,另一方面风险的创造性会给人类社会发展进步带来改革的机会。正如社会学家吉登斯所言,风险社会要求用规避风险的原则来组织生活,而这本身就是一种进步;第四是风险的广泛性,包括风险产生原因广泛性、风险产生领域广泛性以及风险产生主体广泛性,现代社会的风险不仅局限于单个领域的某个原因,而是逐渐蔓延至政治领域、文化领域、科学领域等,使得风险具有难以预测的特点,并增加了处理的复杂程度。

> **学习示例:**
>
> 法国兴业银行巨亏:2008年1月18日,法国兴业银行收到了一封来自另一家大银行的电子邮件,要求确认此前约定的一笔交易,但法国兴业银行和这家银行根本没有交易往来。因此,兴业银行进行了一次内部清查,结果发现,这是一笔虚假交易。伪造邮件的是兴业银行交易员凯维埃尔。更深入地调查显示,法国兴业银行因凯维埃尔的行为损失了49亿欧元,约合71亿美元,成为历史上最大规模金融案件。所以,经济社会中的风险无处不在,需要组织从内部和外部两个环境中加强危机管理。
>
> 所以,社会经济中的"制度化"风险无处不在,法国兴业银行亏损事件与其他风险事件一样,具有全球性、人为性、二重性和广泛性的特征,需要组织从内部和外部两个环境中来加强危机管理。

二、风险社会中的危机公共关系管理

危机公共关系的早期表现是风险积聚,当风险由于各种原因、各种因素集聚到一定程度时,给经济社会带来危害性影响,则转化为危机公共关系。风险属于客观存在事物,在缺少诱发因素的前提条件下会一直潜伏在社会发展过程中的方方面面,也就不容易被察觉和监控,当风险中的某些因素相互作用、相互冲突使得风险客体的张力达到一定极限状态时,短时间内会引燃风险,从而发生危机。因此,危机公共关系管理是在风险社会的条件下进行,面临来自不同方向、不同类型的风险事件发生可能性,在事件发展的早期过程中,没有明显的标志性符号作为提示,也就要求如果希望能在初期将风险扼杀,危机事件爆发时可以将危害降低到最低值,必须做好危机公共关系管理工作。

危机公共关系管理的"阶段论",包括"三段论"和"四段论"等,将危机公共关系事件发展的阶段与管理的过程有机结合起来,能够更加清晰明确地分析危机事件产生的原因、过程和结果,提高危机公共关系管理工作效率。危机公共关系管理任务和责任艰巨,尤其是注重社会美誉度和知名度的组织而言,需要在日常的工作中做好危机事件的防范,需要遵循一定的危机公共关系管理程序。

(一)危机预防工作

危机公共关系管理的重点在于对危机事件的预防,而不是在危机事件爆发后的挽回和补救。首先需要建立一支专业的内部危机管理团队,须具备优秀的风险监测分析和风险化解能力,不仅要对组织内外部环境和资源充分地了解和把握,而且要具有善于沟通、严谨细致、临危不惧、富有亲和力以及对各种因素能综合判断的素质。对于一般的组织而言,可以采取专题模拟训练的方式来培养和巩固组织的危机预防工作,即利用各种模拟的危机情境来定期训练危机公共关系管理人员的基本能力,并不断考验和完善组织的应急预案和处理模板,强化组织成员的危机意识。

(二)危机处理工作

危机公共关系事件爆发之后,组织应当在最短的时间内着手处理和解决危机事件,然而风险社会下危机事件产生的过程盘根错节,涉及许多方面的利益瓜葛。因此,危机处理过程中需要开展三个方面的工作:一是要调整好应对危机的态度和基本出发点,保持客观和冷静的态度,立足组织长远发展的利益;二是要立刻启动危机事件处理应急预案,竭尽全力对危机的传播进行全面控制和管理,开启与社会公众、媒体的信息沟通系统,及时做出适当的工作调整;三是要随时保持灵活性和自由度,组织的危机管理人员在应对危机时要保持对内外部环境的监测,根据实际情况调整应对的决策。

(三)危机总结工作

危机公共关系管理是一个完整的过程,而不应该只注重危机的应对和处理,更应该重视的是从危机事件中的学习和总结。复杂的风险社会中,危机公共关系可能发生在任何时间、任何领域和任何主体上,危机公共关系的管理者要对危机造成的损失和带来的教训进行总结,作为组织发展道路的前车之鉴。主要体现在三个方面:其一是危机事件的调查,调查的内容既要包括危机发生的原因,又要包括社会公众、媒体舆论态度转变的缘由;其二是危机管理的评价,评价危机事件处理中每一项工作的不足和效果;其三是危机应对的整改,整改组织的内部管理制度、风险控制制度和危机应对制度,努力矫正欠缺和不足的地方。

第二节 危机公共关系管理的利益相关者

按照契约理论的思想,可以将利益相关者界定为:与组织按照显性或者隐性的契约关系,结成特定利益互动机制的个体和群体，包括股东、管理者、员工、债权人、消费者、供应商、政府、社区、媒体和特殊利益团体等。如果没有危机事件发生，组织与利益相关者在契约关系的约束下相安无事、有条不紊，但是当危机事件迎面而来，组织却发现利益相关者变为最熟悉的陌生人，赖以生存的契约共同体摇摇欲坠。危机公共关系管理者需要更好地回应利益相关者的期望，带领组织走出危机事件的阴霾。

一、利益相关者的识别机制

克拉克森认为，关系紧密性和风险承担是利益相关者识别机制中的两个重要因素，基于关系紧密性和风险承担这两大维度，可以将危机公共关系管理的利益相关者分为四种类型：

第一是根据相关个人或群体与组织关系的紧密性，将利益相关者划分为主要利益相关者（primary stakeholder）和次要利益相关者（secondary stakeholder）。假设没有主要利益相关者的持续性参与，组织就不能长久生存，例如股东、员工、消费者等；而后者由于不直接与组织开展交易活动，组织对其依赖程度比较弱，但是会间接对组织产生影响或者受组织影响，例如媒体、政府、特殊利益团体等。

第二是根据相关个人或群体在组织中承担风险的种类，将利益相关者划分为自愿的利益相关者（voluntary stakeholder）和非自愿的利益相关者（involuntary stakeholder）。前者主动将自身利益与组织利益捆绑在一起，追求利益的保值和增值，并且自愿承担由此带来的风险，例如管理者、债权人等；后者由于组织的行为活动而被动地承担风险，例如社区居民、政府等。

二、利益相关者的总体定位

完成利益相关者识别之后,组织需要初步评估在危机事件中不同利益相关者所处的位置。然而,由于危机事件的突发性,危机公共关系管理者没有足够时间逐一分析利益相关者的显著性,那么就需要注意下列两个方面的属性:一是利益相关者能在何种程度上加强危机事件对组织的不确定性;二是利益相关者在危机事件中影响力和参与度的关系。

(一)权力/动态性矩阵

根据利益相关者的权力和动态性矩阵,可以预测其在危机事件发生后的态度和行为以及对组织的影响程度。A 型群体(低权力低动态):在利益层级中处于比较低的地位,但是非常忠于自己的意愿,一旦拥有较大的权力,则需要切实的利益才能满足;B 型群体(低权力高动态):不仅仅在组织中处于较弱势的地位,而且在危机事件中往往表现为态度游移的"墙头草"特点,容易受到外部环境的影响而采取非理性行为;C 型群体

		动态性	
		低	高
权力	低	A 较为弱势,但立场坚定	B 较为弱势,且左右摇摆
	高	C 较为强势,且意志顽强	D 较为强势,但容易动摇

图 2-1 权力/动态性矩阵[①]

---

① JR Gardner, R Rachlin, HWA Sweeny. Handbook of Strategic Planning, *R&D Management*, 2010, 19(2):201.

(高权力低动态):对组织情况和危机处理有较大的影响力,危机公共关系管理者应尽可能取得该群体的信任和支持,满足其利益的需求;D型群体(高权力高动态):在组织利益层级中处于较高的地位,由于对组织情况比较清楚而且观点容易摇摆,所以被称为"危机观察者",完全可能左右危机事件的发展过程,需要危机公共关系管理者特别关注和应对。

(二)权力/利益矩阵

根据利益相关者的权力和利益矩阵,可以判断其在危机事件发生后涉入程度以及对组织的影响程度。A型群体(低权力低利益):由于在组织中没有较高的权力和影响力,危机事件又不牵涉到切身利益,所以应对危机的努力程度最低,需要组织投入的力量也最小;B型群体(低权力高利益):利益攸关却维权乏力,这种反差会使得其主动出击应对,危机公共关系管理者应该保持信息畅通,主动争取该群体支持,展现负责任的正面形象;C型群体(高权力低利益):对组织而言是一种不确定性因素,虽然其对危机事件保持沟通观望的态度,但随时可能因为某些特定事件而转向D型群体,需要组织保持沟通,做

		利益紧密性	
		低	高
权力	低	A 努力程度最低	B 主动出击应对
	高	C 保持沟通观望	D 重要参与成员

图 2-2 权力/利益矩阵[①]

[①] 金占明著:《战略管理:超竞争环境下的选择》,清华大学出版社,2016年。

好应急预案;D 型群体(高权力高利益):参与度和影响力都比较高,是危机事件中涉入程度最深的利益相关者,扮演意见和行为领袖的角色,并影响 A、B、C 型群体的意见和行为,危机公共关系管理者需要将其纳入危机处理的全过程,采用沟通、妥协、赔偿等方式获取理解和支持。

三、利益相关者的互动机制

经由权力/动态性矩阵和权力/利益矩阵的利益相关者总体定位,已经能够对利益相关者的一般属性进行管理,但是框架性的分析并不能在危机公共关系管理实践中直接套用,这是因为风险社会特征决定了每一次危机事件都有独特之处,而危机公共关系管理实际上是利益相关者之间的一种谈判机制,要求组织管理者必须对自身、利益相关者以及组织的内外部环境具有现实且准确的认知。

表 2-1 危机情境认识水平评价

序号	评价问题	问题选项
1	利益相关者各有哪些利益诉求	薪酬、资本、股息、税收、合作等
2	利益诉求是如何与组织相关联	所有权、经济依赖性、社会利益等
3	危机事件后存在哪些风险和机会	正和博弈、负和博弈、零和博弈
4	危机事件后利益相关者发挥怎样的作用	支持态度、反对态度、中立态度
5	……	……

尽管每个利益相关者都存在多重利益诉求,对其重视程度也不尽相同,但是危机公共关系管理者更加应该关注的是利益相关者的互动机制,比如员工给组织提供劳动要素,组织给员工发放薪酬待遇;债权人给组织提供资金保障,组织给债权人返还利息回报;媒体对组织有监督职责,组织对媒体有合作意

愿;消费者为组织带来收入和利润,组织为消费者提供产品和服务等等。这些互动机制表明利益相关者能够从哪些方面对组织施加影响,从而决定组织与利益相关者的依赖程度。比如媒体对组织有监督职责,假设存在三种行为选择:一是迎合大众意愿,不断加强有关危机事件信息的报道;二是反复核查危机事件信息的真实程度,并客观分析引导;三是受到威逼或利诱而不报道。此时,媒体采取哪种方式取决于利益相关者博弈的结果。

表 2-2　危机中媒体与利益相关者的博弈模型[①]

媒体行为	媒体投资者	危机组织	地方政府	社会公众	博弈结果
渲染	利大于弊	有弊无利	弊大于利	利弊参半	负和博弈
理性	利大于弊	利弊参半	利大于弊	有利无弊	正和博弈
沉默	有弊无利	利大于弊	利弊参半	有弊无利	负和博弈

　　危机公共关系中不要心存侥幸,尤其在风险社会中更是如此,每个利益主体都在复杂的"负和/正和/零和"博弈中决定自身的态度和行为。危机公共关系的管理者必须按照利益相关者模型中的步骤指导,才能够有效地预测利益相关者的行为方向,从而做出正确的决策。

四、利益相关者的优先等级

　　组织在社会中生存和发展,与不同利益相关者结成显性或隐性的契约关系,但是由于有限的资源与精力,危机公共关系的管理者难以对所有利益相关者都不加区别地对待。为此,引

---

① 白寅,余俊:危机传播中新闻媒体的放大器效应及行为选择,《中南大学学报(社会科学版)》,2011,17(4):182—186。

入管理学中"显著性(salience)"概念,用来形容"同时存在并且有可能互相抵触的利益相关者诉求在组织中的优先等级"。按照米切尔分类法,利益相关者有三大属性——权力性、合法性和紧迫性,共同塑造显著性。在常规状态下,拥有社会影响力的利益相关者是权力性的支配者,占有关键资源的利益相关者是合法性的持有者,对组织的决策存在时间敏感性和关切度的利益相关者是紧迫性的获得者。但是,如果在危机事件中,所有涉入的利益相关者为规避损失,都会竞相向组织提出各种意愿和诉求,并且要求在黄金二十四小时①内得到回应。由此可见,危机事件的爆发将紧迫性赋予部分利益相关者,当这种属性与其固有的权力性或合法性结合时,契约共同体中原本的显著性也会随之改变。

(一)权力性+紧迫性=危险型的利益相关者

只拥有权力性而没有合法性和紧迫性的群体,在危机事件发生前都处于暂时的冬眠状态,米切尔将其称为"休眠的利益相关者",但危机的降临唤醒了沉睡的"狮子",因为缺少合法性出口,很容易诉诸暴力手段,如钓鱼岛事件后出现的打砸抢烧日系产品的示威者。对于在危机事件中缺少合法性的利益相关者,组织管理者应该给予特别的关注:其一是开启便捷的沟通渠道,为其创设表达诉求、宣泄情绪的出口;其二是保持与利益相关者互动的频率,并且在对话交流中使用危机语言艺术;其三是实时监测媒体舆情动向,在矛盾集中的地方做出适当妥协。

(二)合法性+紧迫性=依存型的利益相关者

仅有合法性的利益相关者,由于缺少相应的权力实施,只

---

① 黄金二十四小时法则:危机事件发生后的二十四小时内为处理和化解危机的最佳时期,若错失这段时间,组织将蒙受巨大的损失。

能依靠唤醒管理层的自觉性来达到所期望的目标,米切尔将其称为"自主的利益相关者",如媒体和社会组织等。在和平时期是组织最佳的合作伙伴,而在危机时期则会对组织的信任和信心瞬间瓦解,通过缔结盟约来唤起管理层关注,如中国建设银行被辞退员工总部散步事件;或赢得更有力的利益相关者拥护,一般是权力性的获得者,如媒体借由政府之手完成监督社会的职责。对于在危机事件中缺少权力性的利益相关者,组织管理者应首先拿出负责任的态度,从源头上弥补因危机事件而产生的信心鸿沟;其次要奉行效率第一的原则,避免事态发展到不可收拾的地步。

(三)权力性+合法性+紧迫性=决定型的利益相关者

集权力性、合法性于一身的利益相关者,由于既有权力,又有实施权力所需的力量,有时甚至可以参与到组织决策的过程中,米切尔将其称为"支配的利益相关者",如股东和政府等。在任何时候,决定型利益相关者都是组织管理者的座上宾,是决策时首要考虑并保持密切联系的对象,在危机事件发生后能发挥决定性作用,而无需经历积累力量、寻找正当理由的过程。为了自身长远的生存和发展,危机公共关系管理者必须时刻关注并设法满足决定型利益相关者的要求,来取得关键性的理解与支持。

危机公共关系本身并不致命,真正致命的是管理者要在紧急状态下做出系列不正确的决定。管理者固然可以根据显著性将所有利益相关者排序和归类,但是在危机事件的触发下,利益相关者可能失去或者获取某种属性,从而打乱原有优先等级。此时,危机公共关系管理者应注意三点:一是在精力分配上,关注动态性,而非显著性;二是在行事风格上,适合的即为最有效方式;三是在思维方式上,换位思考来预测下一阶段的行为选择。

五、利益相关者的回应策略

进行了利益相关者的识别机制、总体定位、互动机制和优先等级后,危机公共关系的管理者能够基本掌握危机事件中不同利益相关者的期望和诉求,现在可以制定有效地回应策略,从而满足不同利益相关者的需求。

(一)设置管理目标

危机公共关系管理目标可分为阶段性目标和总体性目标。对社会组织而言,管理目标比较单一化,主要是形象恢复和信任重建,但是对企业组织而言,需要考虑股票价格、销售业绩、品牌形象、消费者态度等多个方面,与最高层管理者共同制定"安全线",并保持内外部利益相关者的沟通。

(二)对话与沟通

公开对话与直接沟通应该作为危机公共关系管理者的首选策略。"公开"能展现组织主动负责的形象,"直接"能避免媒体的放大器或过滤镜效应,对话与沟通有利于增强双方的理解互信,降低非理性行为发生的可能性。管理者在处理与决定型、危险型利益相关者的关系时尤其要注意"对话和沟通"的策略。

(三)提供合作意向

面对复杂多样和充满不确定性的危机情境,利益相关者会出于自保和焦虑的因素将压力转嫁给组织,但组织未必要将压力全盘接收,更好的办法是提供合作意向,直接降低利益相关者的顾虑,例如:向供应商许以优厚的长期合作计划、资助特殊利益团体公益项目、与社区签订社会责任协议等。

（四）寻找调解员

如果对话与沟通、提供合作意向的策略都无法顺利进行，则需要考虑引入第三方调解员，作为意见和行为领袖的政府、社区、媒体和特殊利益团体都可以胜任这一角色。但是调解员也需要满足两个条件：一是对危机事件和组织的态度是非对抗性的；二是在利益相关者中间具备一定的影响力和说服力。

（五）缓和紧张气氛

危机事件发生后，给利益相关者赋予紧迫性，改变了契约共同体的显著性，从而将组织与利益相关者关系由稳定变为不确定。因此，管理者应该要尽力缓解危机过程中剑拔弩张的氛围，充分与每一个员工沟通危机管理目标，创造统一的对外口径和轻松气氛，为组织争取更多的信任和支持。

六、利益相关者的监测控制

危机公共关系管理的利益相关者模型是一个动态模型，如果外界环境改变、新信息曝光、力量的获取与消减、参与者格局的变化等都会使利益相关者对组织的态度和行为发生扭转。然而，危机公共关系的走向正是依赖组织与利益相关者关系的变化，即组织对利益相关者期望和诉求的回应质量和满足程度。正因如此，危机公共关系的管理者必须首先持续监测和控制利益相关者的动态，以确保当前的危机处理策略是最优选择；其次从股东、员工、媒体、政府、消费者、供应商等利益相关者中全方位、多角度搜集资料，尤其是组织采用危机公共关系的社会平台如新闻发布会、危机公关听证会等之后，相应的态度调查和舆情分析必须随时跟进，为后续的危机处理策略提供参考；最后是将利益相关者的评价和组织危机管理的目标结合起来，寻找危机事件处理过程的差距，重新回到利益相关者模型第一步,对原有的策略做出相应的调整。

学习示例:

  恒天然危机公共关系转折:2013年8月2日新西兰乳制品巨头恒天然检测出肉毒杆菌。在媒体公布当天,恒天然主动向新西兰政府报告自查结果,并配合官员前往办公室调查取证。三天后,集团CEO史毕根斯在北京召开新闻发布会,亲自就肉毒杆菌事件进行解释、道歉,并承诺"四十八小时内召回全部问题产品",此后主要利益相关者的态度趋于宽容缓和,行为上也配合危机管理。然而,由于恒天然集团没有落实问题产品的全部召回,媒体、消费者的舆论风向急转直下,负面报道不绝于耳,其他的利益相关者也开始频繁向集团施压表达不满,利益相关者对企业的信任崩溃造成危机事件的持续恶化和发酵。

  由此可见,即使恒天然公司在危机公共关系管理的初始阶段,很好地完成了利益相关者的识别、定位、互动、优先等级和回应策略,但由于未能及时对利益相关者的动态持续监测和控制,危机仍然可以死灰复燃,甚至愈演愈烈。

第三节 危机公共关系管理的议题

一、议题管理的核心问题

  议题管理并不是意味着影响和改变每一个社会公众、媒体的议题,事实上也没有任何组织或者个人可以做到,需要组织管理者找到危机公共关系议题管理的核心问题。

（一）设置媒体议题

议题设置假说认为，媒体在政治、经济、文化和社会生活等诸多领域为公众设置了关注、思考和讨论的议题，成为公众日常中不可或缺的部分。不难看出，在现代社会中，如果能够影响媒体议题也就意味着影响公众议题，各类组织纷纷接近媒体，最大的目的便是争取定义媒体议题框架的机会。因为，危机公共关系中对媒体议题的管理就是对媒体话语权的争夺，考验着组织面对媒体的三种基本能力：第一是如何成为媒体信息源的能力，要求组织的管理者主动地、及时地和准确地发布信息，以一种有效的方式争取到定义媒体议题框架的机会；第二是对媒体资源的占有程度和使用能力，要求组织的管理者全面地掌握媒体运作方式和思维方式；第三是对媒体议题的搜集和迅速反馈能力，要求组织的管理者冷静地处理压力，正确地研判形势，很多议题呈现出随机性和突发性，更加考验管理者的反应速度与决策能力。

（二）影响意见领袖

根据二级传播的基本知识，社会公众的一部分信息来自于意见领袖的传播。在危机事件中，每个利益相关人群中都有少数人扮演着意见领袖的角色。如果能赢得意见领袖的理解和支持，会在一定程度上赢得更多人群的理解和支持，因为意见领袖具备议题管理中关键的功能要素。其一是解释功能。意见领袖会选择、接触、加工和分析信息，对接收的信息做出利于自身利益和忠于自身立场的解释和判断，其实就是采用另一种方式对危机事件评论；其二是扩散功能。意见领袖对认可的信息会自觉主动地进行第二次传播，而对不认可的观点则会加以批判，从而导致自身的意见实现扩散的效果；其三是控制功能。意见领袖可以充分发挥主体性作用,权衡个人利益与集体利益,实事求是地向媒体提供全面的信息,控制媒体的议题设置。

二、议题管理的基本模式[1]

(一)顺应模式

危机爆发是组织自身偶发意外或行为失当所致,可采取顺应、迎合式的议题管理策略,议题的内容以诚意致歉、取悦逢迎和改善服务为主,同时也需要注意两个问题:一是找到关键议题,寻求重点突破。不是每个议题都需要顺应和迎合,要集中精力对社会公众和媒体最关心、利益相关者最核心的议题做出有效回应;二是把握顺应和迎合的程度。顺应模式的实质是缓和紧张气氛,尽可能在和谐的关系中消除危机,但也不能冲破底线,破坏原则的顺应。

(二)对抗模式

对于天灾等不可抗力以及人为谣言、蓄意破坏等因素造成的危机事件,组织可以采取对抗模式来反击议题,跳出主要责任的压力圈,同时需要注意两个问题:一是对抗要有理有据。不能单纯地考虑情绪化的信息来反击,要有确切的信息来证明观点,如此也能得到社会公众、媒体的认可;二是对抗要适可而止。应分析不利因素的重点方面,逐步由强到弱反击,毕竟双拳难敌四手。

(三)转换模式

对于厄运连连、乱中生乱、焦灼不堪的危机状态,接二连三的危机事件连续打击之下,组织管理者可以采取转换模式来进行议题管理,推出一个看似与危机事件无关却能够正面反映组

---

[1] 胡百精著:《危机传播管理》,中国人民大学出版社,2014年。

织状态的积极议题，或能够吸引社会公众、媒体眼球，不再将关注的焦点放在之前危机议题上的新话题，从而可以转移视线来减少社会对组织危机处理的压力。

当然，危机公共关系议题的管理模式还有许多，尤其是在网络媒体为代表的新媒体环境冲击下，危机议题管理的内容更加倾向于复杂化，处理的难度也不断增加，但所遵循的真实性、针对性、及时性和自律性原则却是共同一致的原理。

学习示例：

平度征地血案：2014年3月21日凌晨2时许，山东平度市凤台街道杜家疃村农田里一处帐篷起火，致4名守地农民1死3伤，死者是63岁的村民耿福林。平度市在其官方微博"平度发布"第一时间对事件进行介绍，避免各类谣言和小道消息的产生。然而，一波未平，一波又起，22日事发地又传出"抢尸风波"，有村民称大批警察手持盾牌和木棍进入村民守护遗体的事发现场"抢尸"。23日凌晨，平度市委宣传部在其官方微博承认，开发商存在"少批多占"的情况，在纪委介入后，平度征地血案真相才逐渐浮出水面。在现代社会中，新的媒介已经成为社会信息传播的主流，成为危机公共关系议题管理的重要手段。

上述示例的官方微博"平度发布"采取对抗模式反击议题，有理有据，适可而止，有效控制各类谣言和小道消息产生，平度市委宣传部另一个官方微博则采取顺应模式管理议题，抓住重点，积极回应，在缓和的气氛中消除危机。

第四节　危机公共关系管理的预案

危机公共关系的预案和危机事件管理的预案在制定上往往无法做到明显的区分,只是侧重的方面不一样。一般来说,前者侧重于组织形象、组织美誉、稳定客户、取得公众谅解、配合媒体采访等方面,而后者更侧重于危机事件的处理本身,在于对整个危机事件过程的控制和应对。由于组织的性质不同,面对的危机公共关系不同,预案的设定也存在显著的差异,下面通过学习《某市突发公共事件总体应急预案(部分)》来说明问题。

某市突发公共事件总体应急预案(部分)[①]

各级政府要建立应对突发公共事件的预测预警、信息报告、应急处置、恢复重建及调查评估等机制,提高应急处置能力和水平。市应急办要会同有关部门,整合各方面资源,充分发挥工作机构作用,建立健全快速反应机制,形成统一指挥、分类分级处置的应急平台,提高基层应对突发公共事件能力。

一、预测与预警

各级政府及相关部门针对各种可能发生的突发公共事件,完善预测预警机制,开展风险分析,做到早发现、早报告、早处置。

---

① 某市突发公共事件总体应急预案(部分),贵阳市应急管理网,2009—4—23。

(1) 预测预警系统。市公安、消防、水务、气象、地震、建筑、海洋、环保、交通、安监、供电、供气、海事、卫生、农业、金融、外事、信息等部门和单位，要做好对各类突发公共事件的预测预警工作，整合监测信息资源，依托政府系统办公业务资源网及相关网络，建立全时段、全覆盖的突发公共事件预测预警系统。

(2) 预警级别和发布。根据预测分析结果，对可能发生和可以预警的突发公共事件进行预警。预警级别依据突发公共事件可能造成的危害性、紧急程度和发展势态，一般分为四级：Ⅰ级(特别严重)、Ⅱ级(严重)、Ⅲ级(较重)和Ⅳ级(一般)，依次用红色、橙色、黄色和蓝色表示。各级政府、应急管理工作机构要及时、准确地报告重特大突发公共事件的有关情况，并根据突发公共事件的管理权限、危害性和紧急程度，发布、调整和解除预警信息。预警信息包括突发公共事件的类别、预警级别、起始时间、可能影响范围、警示事项、应采取的措施和发布单位等。涉及跨区域、跨行业、跨部门的特别严重或严重预警信息的发布、调整和解除，须报上级批准。预警信息的发布、调整和解除可通过广播、电视、报刊、通信、信息网络、警报器、宣传车或组织人员逐户通知等方式进行，对老、弱、病、残、孕等特殊人群以及学校等特殊场所和警报盲区应当采取有针对性的公告方式。

二、应急处置

(1) 信息报告和通报。突发公共事件发生后，各应急机构、事发地所在区县政府、职能部门和责任单位，要按照相关预案和报告制度的规定，在组织抢险救援的同时，及时汇总相关信息并迅速报告。一旦发生重大突发公共事件，必须在接报后一小时内分别向市委、市政府值班室口头报告,在两小时内分别向市委、市政府值班室书面报告。报国家主管部门的重大突发公共事件信息,应同时或先行向市委、市政府值班室报告。特别重大或特殊情况,必须立即报告。各相关单位、部门要与毗邻区域加强协作,建立突发公共事件等信息通报、协调渠道,一旦出现突发公共事件影响范围超出本行政区域的态势,要根据应急处置工作的需要,及时通报、联系和协调。

(2)先期处置。按照"精简、统一、高效"的原则,建立市应急联动中心,设在市公安局,作为本市突发公共事件应急联动先期处置的职能机构和指挥平台,履行应急联动处置较大和一般突发公共事件、组织联动单位对特大或重大突发公共事件进行先期处置等职责。公安、卫生、安监、民防、海事、建设交通、环保等部门以及各区县政府和区域行政主管机构(以下统称为联动单位),在各自职责范围内负责突发公共事件应急联动先期处置工作。建立并加强与部队、武警总队、国家有关部门和单位、毗邻省市的协同应急联动机制和网络。根据突发公共事件应急处置实际需要,按照有关规定协调有关部门和单位参与突发公共事件先期处置工作。市应急联动中心按照《市突发公共事件应急联动处置暂行办法》等有关规定,通过组织、指挥、调度、协调各方面资源和力量,采取必要的措施,对突发公共事件进行先期处置,并确定事件等级,上报现场动态信息。突发公共事件发生单位和所在社区负有进行先期处置的第一责任,要组织群众展开自救互救。相关单位必须在第一时间进行即时应急处置。事发地所在区县政府及有关部门在突发公共事件发生后,要根据职责和规定的权限启动相关应急预案,控制事态并向上级报告。

(3)应急响应。一旦发生先期处置仍不能控制的紧急情况,市应急联动中心等报请或由市应急委直接决定,明确应急响应等级和范围,启动相应应急预案,必要时设立市应急处置指挥部,实施应急处置工作。各级各类应急预案,应当根据应急任务与要求,明确责任单位及信息处理、抢险救助、医疗救护、卫生防疫、交通管制、现场监控、人员疏散、安全防护、物资调用、社会动员等工作程序。

(4) 指挥与协调。需要市政府组织处置的,由市应急委或相关应急管理工作机构统一指挥、协调有关单位和部门开展处置工作。主要包括:组织协调有关部门负责人、专家和应急队伍参与应急救援;制定并组织实施抢险救援方案,防止引发次生、衍生事件;协调有关单位和部门提供应急保障,调度各方应急资源等;部署做好维护现场治安秩序和当地社会稳定工作;及时向市委、市政府报告应急处置工作进展情况;研究处理其他重大事项。事发地所在区县政府负责成立现场应急指挥机构,在市相关机构的指挥或指导下,负责现场的应急处置工作。必要时也可由专业处置部门负责开设现场应急指挥机构。

(5) 应急结束。突发公共事件应急处置工作结束,或者相关危险因素消除后,由负责决定、发布或执行机构宣布解除应急状态,转入常态管理。

三、恢复与重建

(1) 善后处置。各级政府、应急管理工作机构和有关职能部门要积极稳妥、深入细致地做好善后处置工作。对突发公共事件中的伤亡人员、应急处置的工作人员,以及紧急调集、征用有关单位及个人的物资,要按照规定给予抚恤、补助或补偿,并提供心理及司法援助。市政府主管部门按照规定及时调拨救助资金和物资。有关部门要做好疫病防治和环境污染消除工作。保险监管机构督促有关保险机构及时做好有关单位和个人损失的理赔工作。

（2）调查与评估。市政府有关主管部门会同事发地单位和部门，对突发公共事件的起因、性质、影响、责任、经验教训和恢复重建等问题进行调查评估，并向市政府作出报告。

（3）恢复重建。恢复重建工作按照属地管理的原则，由事发地政府负责。区县政府、相关职能部门在对受灾情况、重建能力以及可利用资源评估后，要认真制定灾后重建和恢复生产、生活的计划，迅速采取各种有效的措施，明确救助程序，规范捐赠管理，组织恢复、重建。

（4）信息发布。突发公共事件的信息发布应当及时、准确、客观、全面。事件发生的第一时间要向社会发布信息，并根据事件处置情况做好后续发布工作。发生重特大突发公共事件时，市政府新闻办人员要配合市有关部门做好信息发布工作，并做好现场媒体活动管理工作。

上述危机事件管理预案来自于政府组织，带有明显政府机构性质标签。根据预案的内容，当政府公共危机事件降临时，可以马上启动预案程序，有条不紊地处理危机事件，其中含有预测与预警、应急处置、恢复与重建三个部分，基本能包括危机公共关系事件管理的全部过程。

经典案例分析

一、案例介绍

2009 年 8 月初，陕西省宝鸡市凤翔县出现了部分儿童血铅含量严重超标的状况，据 8 月 18 日最新统计，该县 3 个村 1 016 名 14 岁以下儿童接受权威监测以后，发现 851 人血铅超标,其中174名中、重度铅中毒儿童需要住院排铅治疗。经过环境部门的检测确认,主污染源是东岭冶炼公司污染所致,在冶炼公司附近就读的高二学生马某因血铅超标,随即服农药自杀,引发事件的持续升级,附近数百村民纷纷冲击厂区,掀翻厂区铁路专用线路近300米围墙,砸破厂区内的建筑物玻璃,损坏十几辆大货车。但是由于当地政府紧急采取措施,使事态维持在可控范围内,使之不再继续恶化。

首先,陕西省环保厅成立处理血铅超标协调小组。省环境监测站为了进一步确定该县铅污染的范围,前往协助宝鸡市对该县工业园及其周边扩大环境监测,对工业园区环境影响进行评估,排查污染范围,处置污染隐患,为今后环保审批和监管提供技术依据。与此同时,省环境监测站还聘请专家对工业园的污染机理和污染成因进行研究,提出防治对策和建议。

其次,2009年8月6日20时,宝鸡市委和市政府在白天调研的基础上连夜召开紧急会议,安排部署"血铅超标事件"的处置。由宝鸡市委宣传部、宝鸡市环保局、劳动局、卫生局等相关部门和单位相关人员参加了会议。会议提出以下三点意见:第一,成立专项工作组。工作组以市政府副秘书长为组长,以市环保局局长为副组长,市委宣传部、市卫生局、市教育局、市民政局等相关部门的主要负责人为组员,负责全程协调、处理、监督整个事件。第二,要切实抓紧安排部署血铅超标儿童的复检工作,保障人民群众身体健康,同时要正确引导、教育村民,做好思想工作,正确对待并欢迎媒体监督。第三,各部门要高效地运作,尽快查出血铅事件的原因。

最后,"血铅超标事件"发生后,凤翔县政府立即投入100万元来治疗血铅超标儿童,积极为需要住院治疗或饮食干预的患儿联系病床并购买营养品。同时,成立相关工作组,其中搬迁小组入村和当事村、组干部协商村民整体搬迁的具体事宜;健康检测小组入户登记需要复检的人员及人数,其他小组也积极推进落实之前定好的处理意见,各项工作都在稳步有序的进展中。县政府这种不遮不掩的迅速反应和平等协商的座谈讨论所构成的危机处理方式,体现出现代责任政府、阳光政府应有之义。只有查清缘由、依法处置、善始善终,方能在公平公正的原则基础上树立政府的公信力。

二、案例启示

不遮不掩,积极化解利益相关者的矛盾才是应对危机公共关系的首选之策。不回避责任,"不惜代价检查治疗",以对人民群众高度负责和科学严谨的态度,积极稳妥地处理好危机事件,在思想上重视、情感上投入、行动上迅速、程序上透明、立场上公正,尤其是政府管理者能俯下身子,深入一线,来认真听取利益相关者的期望和诉求,认真研究解决问题,以负责的态度、严谨的作风,细致的工作取信社会公众,接受媒体监督,使政府的行为得到支持,才能将"血铅事件"对社会和组织的影响降到最低的程度,从而处理和化解危机事件。

思考题

1. 什么是风险社会?在风险社会中,危机公共关系管理需要做到哪些工作?

2. 企业危机公共关系中利益相关者包括哪些?各有哪些方面的期望和诉求?如果企业的产品被曝光存在质量问题,如何运用利益相关者模型化解矛盾?

3. 如果让您制定《危机公共关系管理的预案》,应该包括哪些内容?

第三章

危机公共关系识别

只有永远躺在泥坑里的人,才不会再掉进坑里。

——德国哲学家,格奥尔格·威廉·黑格尔

 **学习目标**

通过对本章学习,掌握危机公共关系的成因;掌握危机公共关系的信息策略和信息媒介;掌握危机公共关系的识别作用和识别内容;了解危机公共关系的权变应对模式。

 **导入案例**

随着互联网技术的飞速发展、移动终端的普及和移动网络的覆盖,时刻加速社会化媒体时代的进程,我们能够获得的信息量也远远高于以往。同时,信息的碎片化明显,影响力也难以琢磨,某条信源明确、图文并茂的信息可引发一场危机,而这就足以摧毁涉事主体,甚至引发某种社会思潮。现代危机公共关系部门应该明确的是,动用各种手段、力量摆平对手已经不是上上策,这些手段可能引起新的次生危机。因此,更应该强调危机公共关系的事前信息搜集和危机识别,将风险和危机扼杀于形成之前才是最佳方案。

第一节 危机公共关系的成因

一、天灾人祸型危机公共关系

天灾人祸型危机公共关系是指在很大程度上由于自然因

素或不可抗力，以及社会群体的不当行为所导致的危机公共关系。根据危机公共关系产生过程、机理和性质，可以将危机公共关系的成因分为四类：自然灾害、事故灾难、公共卫生事件和社会安全事件。其中，自然灾害主要包括水旱灾害、气象灾害、地质灾害、海洋灾害、生物灾害等，不仅造成巨额经济损失和大量人口受灾，更会造成重大社会经济影响，危害地方社会安定团结和经济发展秩序。事故灾害主要包括安全事故、交通运输事故、公共设施和设备事故、环境污染和生态破坏事件等，迫使危机公共关系管理者应对社会公众、媒体对安全生产环节的质疑。公共卫生事件包括传染病疫情、群体性公共卫生疾病、食品安全和职业危害以及其他影响公众健康和生命安全的事件，在导致疾病和死亡的同时，更会对社会的人心稳定产生负面的影响。社会安全事件包括经济安全事件、国家安全事件、恐怖袭击事件、涉外突发事件等，使得危机公共关系管理者启动危机事件应急措施和预案，处理社会各个方面的关系。

学习示例：

汶川大地震：2008年5月12日14时28分汶川发生8.0级地震，成为自新中国成立以来影响最大的一次地震，震级是自1950年西藏墨脱地震(8.5级)和2001年昆仑山地震(8.1级)后的第三大震级，直接严重受灾地区达10万平方公里。汶川地震对社会经济的危害极大，在此次地震灾害中，遇难69 227人，受伤374 643人，失踪17 923人，其中四川省68 712名同胞遇难，17 921名同胞失踪，5 335名学生遇难，1 000多名失踪，直接经济损失8 452亿元。经国务院批准，2009年起每年5月12日为全国防灾减灾日。

> 汶川大地震是天灾人祸型危机公共关系中较为典型的自然灾害,在造成巨额经济损失和大量人口受灾的同时,危害正常社会经济发展秩序。

二、客体失误型危机公共关系

公共关系客体本身也会导致危机公共关系,其中内部原因是自身行为不当,而外部原因是对公共关系主体的误解。在内部原因方面,公共关系客体由于利益驱使引发危机公共关系,主要体现在两个方面:一方面是客体自身的失误带来了各种社会矛盾问题,也直接引发了危机公共关系;另一方面是公共关系的客体与主体之间的关系失衡,在公共关系客体与主体的博弈过程中导致危机公共关系。在外部原因方面,客体对公共关系主体的误解也可以分为两种类型:一是由于信息不对称等客观原因可能误解主体,引发危机公共关系;二是由于客体自身观念、生活习惯等主观原因,客体以自己的判断标准来衡量主体的行为,往往会产生"应该是"和"实际是"的心理悬殊,从而造成危机公共关系。

> **学习示例:**
>
> 阿里巴巴月饼门事件:2016年9月13日,阿里巴巴集团内部讨论决定,给予采用编写脚本代码方式"秒杀"100多盒月饼的5位员工开除处分,其中一位是阿里云安全部的高级专家。技术大咖也会被开除,更是引起了社会热烈的讨论,很多人认为开除有些小题大做。从集团首席人力官蒋芳在阿里巴巴内网贴出的内部信可看出管理层的危机应对方式:首先,事发2天后才做出回应,一来是突

显决定艰难，二来中秋节前做出回应，也能够利用假期对此事件淡化处理；其次，信中解释开除决定的理由，是由于5名员工违背了公司运营理念，破坏了相互之间的信任；最后，在人人都是媒体的当下，员工也拥有很多自己的发声渠道，真实、平等地回应此事，才能令事态迅速平息。

阿里巴巴月饼门事件属于外部原因导致的危机公共关系，造成危机的原因一是社会公众的信息不对称，无法得到内部准确消息，二是社会公众的评判标准不一致，公众习惯站在自身的立场思考问题。

三、主体不当型危机公共关系

不仅仅是公共关系客体失误会导致危机公共关系，主体行为不当也容易引发危机公共关系，主要集中两个方面：一是侵害利益相关者的权益，二是违背组织原有的承诺和宗旨。比如说，首先公共关系主体经常会仅从自身管理便利的角度出发进行组织决策和政策设计，人为导致公共关系客体的麻烦和困难；其次公共关系主体也有可能不适应新环境的变化，依然沿用老思想、旧方法处理公共关系活动；再次公共关系主体缺乏科学决策能力和人性管理措施，也会造成消费者、供应商和员工等利益群体的危机公共关系；最后公共关系主体由于各种决策错误，可能成为社会公众、媒体猜测和关注的焦点，进而成为质疑和批评的重点。此外，公共关系主体在应对和处理危机事件时也会受到来自决策失误、管理混乱和处置失败等问题的影响，从而引发新的危机。

学习示例：

楚楚街"救救救救"营销事件：2016年9月1日的凌晨3点多，楚楚街副总裁蒙克在社交网络发布"救救救救"信息之后失联，事件在转发后迅速扩展，很多好友都担心其人身安全，并怀疑是被绑架，警方也介入调查。然而，在大家纷纷猜测并关心其人身安全的时候，蒙克在其朋友圈发布了声明，表明了对大众的道歉，承认此举是为楚楚街的9月9日大促做营销，最终也不忘添加广告。与此同时，一张与此事件紧密集合的海报也被发布，引起公众的二次关注。到9月2日凌晨，蒙克在其微博发布了离职信息，再次为之前的行为表示歉意，表示此次事件营销从酝酿到发酵全是其一人操作，因事态发展超出了可控范围，对公司品牌造成负面影响而引咎辞职。

显然，楚楚街副总裁蒙克自导自演了一场危机公共关系，成为社会公众、媒体猜测和关注的焦点，进而成为质疑和批评的重点。

第二节 危机公共关系的信息机制

一、危机公共关系的信息原则

根据信息论的原理和知识，危机公共关系的信息主体经由信息管道（传媒）将相应的危机公共关系信息传递给社会公众，而社会公众在接收信息的同时产生反馈信息。在这种信息机制下存在着"信息管道"效应，即在信息管道中，如果准确的危机公共关系信息无法将管道完全填充,则空隙的地方会滋生各类谣言和小道消息。根据"信息管道"效应,危机公共关系的信息原则是要把合适的信息,通过合适的方式,在合适的时机,传递给合适的对象,因此也被称为"合适原则"。

表 3-1　危机公共关系信息工作的"合适原则"

序号	合适原则	具体操作
1	合适的信息内容	信息主体决定向"信息管道"中传输怎样的内容
2	合适的传递方式	信息主体决定如何向"信息管道"中传输内容
3	合适的传播时间	信息主体决定何时向"信息管道"中传输内容
4	合适的传达对象	信息主体决定向"信息管道"中的谁传输内容

二、危机公共关系的信息困境

组织在处理危机公共关系的信息工作时,存在内外部两个方面的操作困境,成为制约信息机制的重要因素。

(一)内部困境

危机公共关系的信息内部困境主要存在三个方面:第一是对危机事件的认识能力不足导致信息资源缺乏。由于危机事件中的信息不对称特征,危机公共关系主体无法有效掌握客体的信息,也就是危机事件处理过程中主体经常面临着信息收集能力薄弱的问题根源。此外,如果主体本身对危机公共关系缺乏足够和全面的认识,也会在信息工作中出现资源匮乏的问题。第二是危机公共关系主体错误的信息原则。危机公共关系的信息工作依然存在"外紧内松"的错误原则,造成某些组织在危机事件中对外严防死守,对内则迅速传递,即使要对外发布信息也只是报喜不报忧,导致"信息管道"中由于存在空隙而被各类谣言和小道消息所充斥;第三是组织内部协调的困难。危机事件的处理过程需要不同部门协调工作,甚至是跨地区协调运行，但不同部门出于自身工作利益的考虑，在危机公共关系信息工作中的指导思想、操作流程和人员素质等方面存在差异，极有可能会造成正规和准确的信息出现偏差或者传输缓慢，从而又为各类谣言和小道消息的传播创造了空间。

（二）外部困境

由于危机公共关系的信息工作在外部面临噪音源太多、噪音量太大等困难，也会形成信息工作的外部困境，主要体现在三个地方：第一是信息传递渠道呈现多元化。当危机公共关系发生时，信息不仅从受到政府严密监控的正规渠道传播，而且会通过各种各样不受政府监控的非正规渠道传播。社会公众无论是从正规的渠道或者非正规的渠道，都能获取危机公共关系的相关信息，这往往造成信息内容混乱，各类谣言和小道消息滋生。第二是传播媒介对信息的自由解读。传播媒介出于新闻首创效应、热点轰动效应带来的可观经济效益，有可能对危机公共关系的信息自由解读，违背信息传递中客观真实的原则，赶着成为第一时间的首家报道，形成具有爆炸力的新闻热点。第三是传播受众对信息的自我加工。传播受众由于自身性格或者特殊利益的原因，在接收信息的过程中，往往会根据需要来夸大或屏蔽部分信息，产生"扩大效应"提升在群体中的信息地位，产生"屏蔽效应"删减对自己观点不利的信息。

三、危机公共关系的信息策略

组织在危机公共关系发生后必须做好信息工作，应遵循信息机制的三大策略：提高信息的实用价值、努力克服噪音问题和扩大信息的传播范围。

（一）传递核心信息，提高信息的实用价值

斯蒂文·芬克在1986年提出危机公共关系传播四段论模

式,即危机潜伏期、危机爆发期、危机蔓延期以及危机解决期。按照危机公共关系传播的阶段划分,组织的信息工作也要有阶段性的区别和侧重。首先是危机公共关系发生前的核心信息:危机爆发的可能性。在"信息管道"中,组织在危机事件发生前提示关于危机公共关系产生的信息,是抑制各类谣言和小道消息的最佳方法;其次是危机公共关系发生中的核心信息:危机事件应对措施。在"信息管道"中,传播受众尤其需要有关危机事件应对措施的信息,同时这也是提高组织负责任形象的方式;最后是危机公共关系发生后的核心信息:危机重现的可能性。组织公共关系部门在危机事件处理之后,特别需要注意社会公众对于杜绝和防范类似危机事件发生的信息需求,及时公布后续处置方案和预防举措。

学习示例:

恐怖安全警戒级别:安全警戒级别主要根据对当前情报、事态、已知恐怖分子相关意图和能力等因素进行评估后确定,从广义上定义遭受恐怖袭击的可能性大小。英国"联合反恐分析中心"发布的国家恐怖安全警戒级别包括:危急、严重、高等、中等和低等,分别表示恐怖袭击即将发生、可能性较大、有可能发生、可能性较低以及可以控制。美国国土安全部发布的国家安全警戒级别也包括:红色、橙色、黄色、蓝色和绿色,分别代表严重恐怖袭击风险,较高恐怖袭击风险,存在恐怖袭击风险,较低恐怖袭击风险及很低恐怖袭击风险。恐怖安全警戒级别能高效、简捷地传递核心信息,提高信息的实用价值,从而满足社会公众、媒体对信息的需求,防止各类谣传和小道消息的蔓延。

（二）正视传播偏差，克服噪音问题的影响

由于公共关系部门的信息工作受制于信息内外部困境，导致危机公共关系的信息工作时常受到噪音问题的干扰。面对噪音问题影响信息传播的准确性，组织应该从两个方面着手来克服：一方面是努力克服客观噪音问题的影响，主要包括：由于公共关系部门内部困境造成的信息失真问题；由于信息传播规律造成的信息失真问题。在克服客观噪音问题的影响时，组织会经常遇到内部性困难和体制性障碍，需要从内部机构的改革和管理制度的健全等方面出发逐渐开展。另一方面是努力克服主观噪音问题的影响，主要包括：由于公共关系部门外部困境造成的信息失真问题；由于社会的时代特征以及受众的心理特征造成的信息失真问题。在克服主观噪音问题的影响时，一般性组织无法制止信息传递渠道多元化的趋势，也无法改变社会的时代特征和受众的心理特征，只能利用"信息管道"效应传输充足的正确信息，减少信息传播的偏差。

学习示例：

天津滨海新区爆炸事件中的谣言：2015年8月12日晚，天津滨海新区发生爆炸事故，就在举国哀痛之际，却有众多谣言充斥网络。面对"只峰是天津市原副市长只升华之子"的谣言肆意传播，天津市相关部门进行辟谣："只升华只有一个女儿，只峰与其没有任何关系。"此外，有关空气有毒的谣言也是甚嚣尘上，比如"700吨氰化钠泄漏毒死全中国人"，"方圆两公里内人员全部撤离"等，造成人心惶惶。这类谣言和小道消息的散播，主要是由于政府相关部门发布信息时间跟不上，如果能够传递及时准确的相关信息，谣言就会不攻自破。

(三)善用传播媒介,扩大信息的传播范围

危机公共关系的信息工作需要让正规和准确的信息迅速而全面地充满"信息管道",要求组织的公共关系部门善于应用和处理各种传播媒介。传播媒介是在危机公共关系主体与社会公众之间,用于传递信息的工具、方式和载体,如报纸、杂志、短信和网络等。从传播方式来看,可以分为大众媒介、人际媒介以及组织媒介;从流动方式来看,可分为单向型传播媒介和双向型传播媒介,下表是根据流动方式划分传播媒介的优缺点比较。

表 3-2 单向型和双向型传播媒介的优缺点比较

类型		主要优点	主要缺点
单向型传播	报纸	信息量大、容易保存	表现形式单一
	杂志	受众稳定、针对性强	时间跨度较长
	广播	覆盖面广、方便灵活	不易保存查找
	电视	视听一体、动态演示	使用成本较高
双向型传播	短信	时效性强、信息精准	内容受到监管
	电话	用户量大、对象明确	接受程度不高
	软件	互动性好、感染力强	技术专业性强
	网络	形式新颖、效率更高	存在管理风险

四、危机公共关系的信息媒介

危机公共关系的处理过程中,信息媒介的运用应该遵循以下原则:切实有效、迅速及时、比例适当、齐头并进、口径一致。其中,切实有效原则是组织在选择信息媒介时的指导性原则,指信息媒介运用中最为重要的是化解和处理危机事件,达到组织的预期管理目标;迅速及时原则是指要注重信息传播的时效性,及时在有效的媒介上抢占信息的主导权,避免产生危机的"涟漪效应"而增加不确定性;比例适当原则是指确保传播效果、扩大消息范围的同时,也要兼顾考虑经济效益、人力财力等

因素，实现组织利益最大化；齐头并进原则是指如果要控制媒体议题，主导舆论走向，就要全方位同步信息传播，压制各类谣言和小道消息滋生；口径一致原则是指在所有信息媒介的传播内容，都必须采用一种声音说话，一个腔调论述，避免信息自相矛盾、各执一词。

正如传统媒介的出现没有令原始媒介消亡，新媒介的出现同样不会取代传统媒介，一种信息媒介不可能完全替代另外一种信息媒介，而只会另其重新规划或开拓生存空间。对于危机公共关系部门而言，按照危机事件的性质和危害程度，根据主体和客体的具体特征，选择最为合适、最为有效的信息媒介，这才是运用信息媒介的真正内涵。

（一）根据需要来选择信息媒介

面对危机事件，危机公共关系主体首先要做的是根据危机公共关系需要选择信息媒介。其一，可以根据危机情境选择信息媒介。危机公共关系的发生地点、影响范围、事件大小等都会对信息媒介的选择产生影响，如偏远山区发生突发性火灾，手机、短信、网络等媒介可能难以发挥作用，但广播和电视甚至人际传播的效果反而更佳；其二，可以根据目标受众选择信息媒介。危机公共关系的目标受众是危机事件的利益相关者，要根据其自身特点、文化程度和社会地位等客观情况来针对性地选择，如对文化程度较低的利益相关者，可以选择广播、电话等媒介传播信息。

（二）整合信息媒介的聚合效应

在信息传播中，各种媒介资源同时对危机事件的信息和观点进行传播，最大限度地扩大受众群体，缩小利益群体，能使危机事件的正规和准确信息第一时间覆盖社会公众，形成信息媒介的聚合效应。首先是同一媒介的重复传播，如中央电视台新闻频道的信息滚动传播,这种方式需要把握时间间隔,切不可短时间内重复传播,导致社会公众的逆反心理;其次是不同媒介的重复传播,即同一信息在不同媒介上重复,能够产生信息的共鸣效果,从而形成巨大的传播效力;最后是根据反馈信息的调整、修正,危机公共关系主体要对各种信息传播媒介的反馈情况跟踪调查,及时地调整和修正信息策略,选择有效和有利的信息媒介。

（三）连续信息传播的累积效应

同类信息传播的连续性和重复性能产生累积效应,危机公共关系的信息传播除了体现在传播的广度上,还应该体现在传播的深度上,来增强信息传播效果和影响力。一方面,在报纸、电视、广播和网络等信息媒介保持连续性传播,即使没有新的信息,也要反复地播放,以此加深社会公众的印象,从而强化已有信息的真实性和可靠性;另一方面,不同信息媒介持续报道危机事件处理过程和进展消息,可以吸引社会公众的注意力,从而消除可变信息的不确定性影响。结合这两个方面,能扩大信息传播的广度和深度,形成持续的信息主导优势,控制媒体舆论议题,推动危机事件的妥善解决。

第三节　危机公共关系的识别机制

一、危机公共关系的识别作用

危机公共关系的识别机制也被称为"问题管理"机制,由霍华德·蔡斯首先在1977年提出,认为如果将危机描述成"一个悬而未决的问题",那么可以导致危机的诱因应该是危机公共关系主体和客体的行为变化。所以，识别机制就是在信息搜集、处理和传播的基础上，不断地与行为变化打交道，在有准备的情况下，以不变应万变。需要注意的是，危机公共关系识别机制绝不是被动的防御性行为，组织在寻求稳定的同时，完全可以有效驾驭新生问题并搜集与之相关信息，在管理过程中创造出新的竞争优势和社会优势。可以说，危机公共关系识别机制的关键任务就是计划、监督、分析和沟通，从而实现以下的功能作用。

（一）实现适当的运作与执行

在组织的日常运行中，成功的识别机制能够紧紧把握住内外部环境的关键性变化，特别是对于相关信息的搜集和研判，并将其整合到组织的战略规划与管理过程中，让组织在规避风险的计划中运作与执行。

（二）严密防御和灵巧出击

识别机制可以让组织主动地加入到危机公共关系主体和客体的行为变化中，并提供基本原则、工具，甚至是激励措施，让组织能够在危机事件发生之前或者变得不可收拾之前及早介入，同时根据内外部环境变化和相关信息分析，灵活、主动地将组织置于有利的地位。

（三）社会责任和公共秩序

识别机制必须对风险社会进行深入的研究和探讨，对于企业而言，市场力量不再是决定企业命运的唯一因素，公共关系变化也扮演着重要的角色。组织公共关系部门需要对影响公共秩序的力量保持高度的敏感，并辅助组织的计划过程和社会责任的形成，让组织在变化的环境中始终满足需求。

（四）监控危机环境的变化

部分组织已经运用危机公共关系的识别机制来改善战略

管理信息系统,除了直接的危机公共关系主体与客体的信息调查,一些组织已经借助社会科学方法来更加透彻和深入地确认、监控和分析危机环境的变化。此外,相较于传统的因果判断,寻找相关性成为更有效的识别机制。

二、危机公共关系的识别内容

(一)识别机制的构成要素

构成要素的厘清是完成操作步骤的基础,也是明确操作步骤的方向与内容。一般来说,比较完整的识别机制构成要素主要存在以下八个,其中任何一个构成要素会影响接下来的构成要素,即纵向线性的影响过程,而且也会有可能影响其他七个构成要素。

1. 内部环境。内部环境为组织危机公共关系部门如何认识和对待危机事件奠定了基础,包括危机管理理念、诚信和道德价值观,以及所处的工作环境。

2. 目标设定。采取适当的程序去设定目标,并且设定的目标能够与组织的危机管理理念相符,才能识别影响组织目标实现的潜在事项。

3. 危机认识。识别出影响组织目标实现的内部和外部因素,从中区分风险和机会,并将机会反馈到组织的战略部署或目标设定过程中。

4. 危机评估。组织的危机公共关系部门考虑危机事件的可能性和影响程度来对其加以分析,并以此作为危机管理的依据。

5. 危机应对。危机应对方法存在两种:一是组织选择直接应对危机;二是组织选择间接分担危机,采取系列行动将危机事件的压力分担在不同主体上。

6. 控制活动。组织的危机公共关系部门通过制定危机处理措施和执行程序，从而确保危机应对得以有效实施。

7. 信息沟通。搜集、获取以及整理分析相关信息来使得危机事件控制活动在方式和时机上予以识别，包括信息的向下、平行和向上沟通。

8. 识别监控。对组织的危机公共关系管理进行全面识别监控，必要时加以修正，可以通过持续的危机管理活动、个别事项评估或者两者结合来完成。

（二）识别机制的运作步骤

在实际的危机管理过程中，识别机制的运作步骤往往有迹可循，一般情况下分为四个步骤：

第一步是危机判断。危机判断不仅仅是识别机制的第一步，同时也是最基础的一步，是危机公共关系管理者利用感知或判断的方式对现实或潜在的危机性质进行鉴别的过程。通过危机判断步骤，一方面可以由感性认识和历史经验相结合做出识别，另一方面可以由各种客观的信息和以往危机事件的记录统计进行分析、归纳和整理。

第二步是危机确认。危机确认分为横向和纵向两种程序。横向程序启动过程是组织的同级部门或者个体，在协调运作时发现危机要素，及时向危机公共关系部门报告，确认其危害程度与发生概率。纵向程序的启动过程则包含上行和下行两类：上行程序是部门或者个体在工作管理中警觉到危机要素，按层级或越级向危机公共关系部门甚至决策层报告，获得危机控制的明确指示。下行程序是组织决策层在战略规划中对可能存在的危机提出应对的原则、策略和方法，指导相关部门正确地落实和执行。因此，危机确认的过程本质上是对危机信息的沟通管理，要求信息渠道的畅通、信息来源的准确和决策机制的健全。

第三步是危机评估。危机评估主要包括危机公共关系的主要类型、基本原则、社会平台,以及危机公共关系管理的利益相关者、议题和预案等。本质上是实现资源的最优配置问题,例如:不同类型的危机公共关系,需要不同的应对策略和实施举措等。

第四步是危机预案。组织的危机公共关系部门应当明确危机事件管理的程序与规则,使之系统化、专业化,也应当理性地分配相关人员的权责,即由谁负责完成特定危机事件的处理任务。同时,由于危机具有可变性,危机预案是一项兼具系统性和持续性的工作,要求预案的制定者密切关注危机的发展和变化,及时地调整危机的应对措施。

三、危机公共关系的识别体系

识别机制不是为某次危机事件而建立,而是要能够立足组织常态风险环境,着眼组织战略发展全局,成为一套能预测、控制危机的完整体系,具备危机监测和诊断功能、危机报警和预案功能以及危机免疫和预防功能。按照危机公共关系的识别体系功能设定,识别体系应该主要由三个子系统组成——识别监测子系统、识别评估子系统以及识别预报子系统。

(一)识别监测子系统

识别监测子系统的功能主要有以下三个方面:一是发现危机要素、监控危机管理和危机预警在策略与行动上两个层面是否合理;二是监测风险向危机演变的动态变化,掌握演变过程及其特征;三是及时搜集、分析及处理相关信息,保证危机信息监测的覆盖面与有效性。一般而言,识别监测子系统重点将组织内外部环境作为识别监测的主要内容。在内部环境方面,组织应当关注某些不安分因素、突发性事件等，比如对于企业来说，如若恰逢有新产品上市、重大经营方针调整等事项，应该据实记录并且予以识别监测，定期向危机公共关系部门报告分析。在外部环境方面，组织应关注政府相关政策的导向及其变化，社区相关敏感信息的发布与社会公众反馈，同时更应该重点注意类似组织中所发生的危机公共关系事件，并从中吸取经验教训。

（二）识别评估子系统

识别评估子系统是指危机评估指标的设置和评估结论的形成，作为识别机制的重要环节，对制定危机管理与预案发挥着重要的作用。识别评估子系统主要由三个部分来构成：第一部分是对危机发展进程进行冷静、客观的分析；第二部分是对化解危机提出具有可行性的方案和报告。识别评估子系统的目的在于根据已有的信息资料判断事件利益相关者的动向和影响，而意义在于通过对危机事件评估，展现组织危机决策、危机管理和危机处置之间的良好信息沟通能力。然而，识别评估子系统也存在许多难点：其一是如何平衡组织不同部门之间的合作关系；其二是如何保持在危机事件中与多方利益相关者的信息沟通顺畅；其三则是如何营造在危机事件中组织内部相互信任的工作氛围。

（三）识别预警子系统

识别预警子系统是组织在对危机事件监测和评估后，决定是否需要发出危机预警，使整个组织进入一个应急状态。一方面，如果危机公共关系部门决定发出危机预警，那么组织需要在最短时间内动员全体员工，届时组织所有的人力、财力和物力都将被优先配置给危机公共关系部门。当然，一旦预料的危机事件并没有发生，之前投入的各种资源将付之东流，从而导致组织蒙受损失。另一方面,如果危机公共关系部门决定不发出危机预警,那么组织所有部门的工作维持原来的状态,但一旦意料之外的危机事件发生,将会使组织陷入危机公共关系处理的被动局面。

第四节 危机公共关系的权变应对模式

危机公共关系部门在应对危机事件时,易陷入两种误区:一种是"拒不承认"的误区,拒绝面对危机事件,否认存在一切问题,导致利益相关者情绪激化,同时给社会公众留下不负责任的形象;另一种是"一闹就软"的误区,遇到任何期望和诉求都满足,无立场将导致的是无限度的责任,会拖垮组织的正常运作,造成更严重的恶性循环。因此,组织的危机公共关系部门首先必须明确在危机事件中的责任定性、范围和大小,然后采取三种权变应对模式:速战速决模式、以退为进模式和社会协商模式。

第一种,无责任情形:速战速决模式。在危机事件中,如果组织行为没有任何责任,而是其他团体、个体的客观失误或者主观曲解产生的危机,建议采取速战速决的权变应对模式,主要包括:发现危机问题要快、调查危机事件要快、深入危机群体要快、控制事态发展要快以及信息反馈传播要快。一般而言,速战速决模式的应对时间不应该超过黄金二十四小时,要显示态度和决心,展现风度和力度,斩断危机事件的连锁反应。

第二种,完全责任情形:以退为进模式。在危机事件中,如果完全是因为组织行为的失误导致的危机公共关系,建议采取以退为进的权变应对模式,主要包括:利用各种信息媒介公开检讨组织行为,采取一切手段和措施阻止危机事件蔓延,公开承诺、表明态度、立即改正等等。危机公共关系部门要遵循态度原则,展现必要的认错态度、弥补态度和整改态度,从而取得利益相关者的谅解和社会公众的理解。

第三种,部分责任情形:社会协商模式。在危机事件中,如果组织行为只存在部分责任,可以是部分的直接责任,也可以是部分的间接责任,甚至可以是责任不明确,则建议采取社会协商的权变应对模式,主要包括:责任共担方式,但是要避免责任不对等的情况;风险共担方式,应用社会保险制度,实现风险共担、收益共享;社会参与方式,邀请意见领袖参与到危机事件处理过程以及管理措施整改过程。危机公共关系部门要明确组织的直接责任和间接责任,不能明确的要划定上线和下线范围,尽可能采取有效的方式化解危机事件。

经典案例分析

一、案例介绍

2004 年 7 月 10 日,中央电视台《新闻 30 分》报道称"杜邦公司的产品采用的特富龙涂层可能给人体健康带来危害"的消息,之后国内媒体开始热炒特富龙事件,就特富龙是否有毒、不粘锅是不是毒锅等问题进行深入报道,引起了普通消费者的广泛关注和议论。不粘锅是苏泊尔公司的重要产品,苏泊尔公司立即启动信息机制和识别机制,收集了 16 个重点城市、73 家报纸媒体、32 家网络媒体,共 202 条新闻报道(含连载),含全国性媒体 19 家、区域性媒体 57 家。同时,组织研究媒体报道的共性特征,主要表现为:第一,在报道内容上,95% 以上的报道为负面内容,多以"致癌、有害、毒、损害健康"等词语组成内容,且大多是缺乏依据的猜疑;第二,从爆发性上,媒体危机来势凶猛,仅在一周时间内,便从单一的报道转向多方位的立体报道,中间预热期间隔仅两天;第三,从影响的范围上,报道几乎涉及中国所有大城市,50%以上的版面位置在头版和次黄金版,90%以上的报道篇幅在1 000字以上。

　　伴随着媒体的大量报道,对苏泊尔形成的负面影响不可估量。在消费者心中,不粘锅几乎成了"有害健康"的代名词,很大程度上使得社会公众的消费心理和消费行为发生改变。苏泊尔占主导地位的国内不粘锅市场遭受到毁灭性的打击,销售量急剧下滑,据公司统计数据显示,全国不粘类炊具产品销售量与同期相比下滑了77.33%,在2004年7、8月至少造成直接经济损失人民币1 000万元以上,其他不粘锅企业销售下滑比例也很大。同时,苏泊尔的品牌形象也受到了损害,对股票发行带来很大的冲击,苏泊尔股票上市当天即跌破发行价,给苏泊尔公司股东以及广大股民造成了巨大损失。在生死存亡的关键时刻,苏泊尔采取一系列积极的应对危机措施,最后不仅扭转了危机公共关系,而且重新赢得了市场信任,重塑组织良好形象,成为处理危机公共关系的经典案例。

　　第一,启动识别机制,管理层对危机做出正确的判断并迅速采取有效的决策。早在7月10日,苏泊尔管理层得知"杜邦特富龙事件"后,就敏感地意识到该事件有可能会影响到国内不粘锅企业。随后,苏泊尔内部召开了紧急会议,讨论"特富龙材料被美国环保署指控可能有害的应急措施",从而对危机事件评估,并制定了危机管理的初步方案,建立了危机管理的应急小组,明确了危机小组的具体分工,协调公司各个部门的计划,提出相应的预防措施。为苏泊尔在日后的危机公共关系处理中赢得了时间性和主动权。

第二,启动信息机制,积极面对媒体,坦诚面对公众。在此次危机事件中,特富龙事件本来只是涉及杜邦行政程序的问题,由于国内媒体对美国法律情况的不了解和对美国新闻的一些内容过于关注,把事件扭曲成不粘锅的安全性问题。因此,如何使媒体了解到真相,迅速地把事件真相告诉社会公众,显得尤为重要,苏泊尔也同样意识到这点。具体行动表现在两个方面:一方面是苏泊尔第一时间主动与媒体进行直接和面对面的沟通,针对权威媒体和大众媒体,苏泊尔采取了有层次的信息交流,有步骤的公关活动。在媒体面前,公司统一了对外传播口径,邀请权威媒体召开座谈会,争取到媒体的支持;另一方面是坦诚面对公众,传达准确而清晰的信息,争取公众的谅解与信任。苏泊尔承诺:"如果国家权威部门鉴定后认定不粘锅系列产品存在有问题,苏泊尔肯定会对消费者负责"。同时,苏泊尔市场部对终端导购员及时地沟通和培训,对售后服务人员和免费电话工作人员也进行了培训。另外,苏泊尔发布了《苏泊尔致不粘锅用户函》,真诚地向消费者说明事情真相。

二、案例启示

纵览苏泊尔公司的危机事件处理策略和方法,其成功的重要原因可分两点:第一,获得权威机构的支持,取得舆论议题的制高点。危机事件发生后,苏泊尔与国家权威机构进行一系列的有效沟通,获得国家质检总局和行业协会的支持,从而占领舆论议题的制高点。第二,团结同行,同舟共济。危机事件发生后,苏泊尔总裁苏显泽与杜邦高层领导会晤,双方在有效沟通和协商后达成危机应对的共识。同时,苏泊尔采取了各种行动争取经销商的理解和支持,发布《苏泊尔致经销商的信函》,稳住了经销商的情绪,也稳住了市场的情绪。此次危机事件的处理过程,全面而真实地体现了苏泊尔的战略眼光、经营能力、组织效率以及危机意识,也展现了一个负责任、讲诚信的企业形象。

 思考题

1. 危机公共关系的成因有哪些?学习不同的成因类型对危机管理有何益处?

2. 企业危机公共关系中存在哪些信息困境?可以怎样运用信息媒介来克服?如果企业的产品被曝光存在质量问题,请选择合适的媒介和方法化解危机。

3. 如果您所在组织要建立危机公共关系的识别体系,应包含哪些内容和程序?请列出识别体系的框架。

第四章

危机公共关系处理

坚持意志伟大的事业需要始终不渝的精神。
　　　　——法国启蒙思想家,伏尔泰

第四章　危机公共关系处理

 学习目标

通过对本章学习,掌握危机公共关系的沟通和调解策略;掌握危机公共关系的应对机理;掌握危机公共关系的转危为机和形象修复的办法;了解危机公共关系的处理阶段。

 导入案例

1996年6月,拥有一百多年历史的美国可口可乐公司曾遭遇历史上最大的危机,起因是比利时和法国的一些中小学生在饮用可口可乐之后,出现了食物中毒现象。在事情发生后,可口可乐公司迅速采取一系列措施,包括将可疑商品召回、举行记者招待会、发布致消费者的公开信等,成功阻止了危机事件的蔓延。不久,一些比利时的居民收到了可口可乐公司的赠券,上面写着:"我们非常高兴地告诉您,可口可乐又回到了市场。"至此,一场原本可能伤及企业命脉的危机事件终告化解。

不过,在二十年后的今天,组织在陷入危机事件时所面临的情况更加复杂,需要认真去思考的危机公共关系处理远不止这么简单……

第一节　危机公共关系的处理阶段

危机公共关系的管理可以分为危机预防工作、危机处理工作和危机总结工作，其中危机处理工作又可以继续细分为四个阶段：危机预演阶段、危机处置阶段、危机善后阶段和危机总结阶段。

第一阶段是危机预演。危机应急预案在危机预防工作中已经完成，但是不能束之高阁、不管不问，等危机公共关系发生时才匆忙应对，其实也就相当于没有预案。一方面，没有经过演练的预案，组织部门就会配合生疏；另一方面，没有操作的实践检验，遗漏和不足就不能显现。

第二阶段是危机处置。在危机事件发生后，应该在第一时间启动预案，没有预案的也需要尽快布置相关事宜，强调责任，宣布纪律。组织的各个部门要相互配合，努力搜集各个方面的相关信息，主要是利益相关者的动态信息和社会公众的反馈信息，掌握资料和数据的同时运用信息媒介传输最新的消息和最新的数据，把握危机的程度，评估危机的危害，及时调查公布真相。

第三阶段是危机善后。即使是危机事件已经被处置，但是危机事件给组织的影响远未消除，危机公共关系部门应该继续关注危机事件的后续发展，防止危机事件死灰复燃。首先是继续发挥媒体的宣传作用，修复组织的社会美誉度；其次是继续做好损失的挽救工作，争取彻底地消灭危机产生的任何源头；最后是迅速恢复组织的日常运作，提升组织的管理应变能力。

第四阶段是危机总结。危机总结包含三个方面：危机事件的调查、危机管理的评价和危机应对的整改。危机处理阶段的总结工作是作为危机管理总结工作的前期准备，主要目的在于维持组织内外部环境的关系稳定，从而使得组织的日常运作恢复原有状态。例如：员工的认可程度、内部凝聚力和领导威信评价等。

学习示例：

美国可口可乐公司的危机处理方法：第一，可口可乐公司每时每刻都有危机处理小组在值班状态，包括瓶装厂总经理、生产线管理者、对外销售人员、技术监控职员等，一旦有危机事件发生，训练有素的电话接线员成为公共关系处理的第一道门户，声音、态度和解释是良好的镇静剂。第二，可口可乐公司每年都有定期的应急预案培训，培训内容主要是模拟演练，员工模拟记者、经理、技术人员等等，保证从不同角度为全局服务。第三，可口可乐公司在任何时候都能短时间内联系到管理层，无论管理层是参加政府会议或者在夏威夷度假。第四，可口可乐公司能够及时回收问题产品、沟通赔偿事宜，说明问题原因和真诚地向公众致歉，最大程度地获得谅解和赢得支持。

虽然美国可口可乐公司的危机处理核心方法只有四条，但是却涵盖危机预演、危机处置和危机善后三个阶段，且不同阶段都有针对主要利益相关者的细致处理方法，比如第一条中"训练有素的电话接线员"是针对消费者、经销商等诉求群体。

第二节　危机公共关系的沟通与调解

一、危机公共关系的冲突沟通

危机公共关系部门在危机事件的处理过程中,与利益相关者和其他社会公众交换信息,通过倾听、解释、承诺和劝说等方式,使危机公共关系客体依照组织的处置预期开展活动,从而降低危机事件的不确定性。在冲突沟通中,危机公共关系部门负有三重职责:第一重职责是向社会公众传递正规和准确的信息,使得社会公众对危机事件发展及其危害有清醒的认识。第二重职责是让社会公众知道组织为化解和处理危机所采取的主要措施,同时也为社会公众的行为提供指导。第三重职责是使社会公众的情绪保持稳定,避免因为情绪失控而恶化组织内外部环境,增加危机事件处理的困难。

（一）冲突沟通需要消除猜忌

危机公共关系部门在冲突沟通过程中,需要格外注意相关群体的猜忌问题,有针对性地开展消除不信任的沟通工作。一方面是要注重信任的"刚性"特征,在危机事件中,由于不稳定因素赋予的紧迫性会使得利益相关者和社会公众对于组织的信任非常脆弱。当危机公共关系部门发出危机预警时,猜忌和疑虑就已经在相关群体中蔓延,如果危机事件持续时间较长或者利益损失较大,而冲突沟通工作又没有及时开展,对组织的信任破坏将会很大。另一方面是要传递高质量的信息消除猜忌,在危机事件中,危机公共关系部门尤其要注意高质量信息的传递,高质量的信息包含有准确无误信息、正规渠道信息、详细数据信息以及受众接受信息等,从而成为消除猜忌的最佳途径和方法。

(二)冲突沟通需要建立信任

危机公共关系部门在冲突沟通过程中建立信任,可以使得危机处理过程按照组织预先设想的步骤进行。信任的建立可采用如下的策略:首先是尽量发布足够的信息。在危机状态下,危机公共关系主体和客体由于信息不对称的情况,容易产生加工信息、混乱信息和遗漏信息等,组织应该向相关群体传输足够多的正确信息来掩盖错误的信息。其次是解释组织的正规程序。危机公共关系部门可在条件允许的情况下,向利益相关者和其他社会公众解释必要的组织程序,让相关群体对于组织的未来行为有所预测,从而理解组织在危机处理中的难处;然后是倾听来自不同方向的声音。在危机事件中,组织应努力培养与利益相关者之间的相互尊重和谅解,倾听来自不同方向的期望和诉求,一方面做到知己知彼,另一方面可以避免相互冒犯,产生的无谓隔阂;最后是承诺能够做到的事情。某些组织管理者在危机压力之下,倾向于给利益相关者煽情的承诺,但是又无法兑现,这无异于对原本就脆弱的信任雪上加霜。

(三)冲突沟通需要应对技巧

危机公共关系部门在冲突沟通过程中有四种模式:"面对面"模式、"点对面"模式、"点对点"模式和"面对点"模式。在现实情况中,四种模式都各具特点,需要危机公共关系部门结合实际危机事件灵活运用。

危机公共关系部门在冲突沟通之前,需要掌握沟通对象的详细信息,一方面可以事先模拟沟通对象的思路,进而预测沟通中的瓶颈,明确沟通对象的底线,进一步确定沟通的范围和

表 4-1 冲突沟通的四种模式比较

模式	目的	机理	性质	精确度	社会压力
"面对面"模式	政策宣传	多个传播者→多个接受者	单向	低	小
"点对面"模式	信息传播	单个传播者→多个接受者	单向	低	小
"点对点"模式	倾听劝说	单个传播者←→单个接受者	双向	高	大
"面对点"模式	解释承诺	多个传播者←→单个接受者	双向	高	大

让步的尺度;另一方面可以努力规避沟通过程中的禁忌,从而更好地与沟通对象切入主题,更快地形成相对稳定的关系,也可以避免由于激怒沟通对象导致沟通失败。危机公共关系部门在冲突沟通之时,需要掌控冲突沟通的整个局面,首先可以认真倾听、体谅对方,在沟通过程中展现足够的耐心,给予沟通对象完全的注意,积极主动地换位思考;其次可以引导对方、掌控局面,做到始终在沟通的范围交流,做到始终围绕核心的议题沟通,做到始终控制情绪、适时中止沟通。此外,危机公共关系部门应该建立健全沟通的配套机制,包括有沟通的过程管理机制、沟通的部门联动机制等。

二、危机公共关系的冲突调解

由于利益相关者在危机状态下容易产生不理性行为,提出高于自身利益需求或者组织承受能力的期望和诉求,从而导致了危机公共关系的冲突调解成为一项综合性的复杂事务。在冲突调解中,组织的指导原则是围绕利益相关者为中心,区分利益相关者的诉求合理程度,同时灵活地掌握冲突调解的技能。一般来说,由于利益相关者在危机事件后会受到来自生理、家庭和社会等多个层面的影响,危机公共关系部门的冲突调解需要分析利益相关者的心理动态过程,也就是应激周期,指人体在应对环境刺激时自身所发生的生理和心理变化。在实际中,利益相关者的应激反应阶段可以分为逃避、抗争、庆幸、失落和调整五个阶段。

逃避阶段,利益相关者遭遇危机事件,出现焦虑和恐慌的心理特征,但出于本能的反应倾向于否认事实,认为这种事情不会发生在自己身上,或者逃避现实拒绝承认。抗争阶段,利益相关者一旦在心理上已经接受危机事件的发生,则会倾向于逃避的反面,抵抗危机事件的发展来实现自我保护,从而表现出英雄豪迈、大公无私、孤注一掷的精神和心理状态。庆幸阶段,利益相关者在危机事件结束之后,开始为自己能成功规避更大的风险损失而感到欢欣鼓舞,为得到来自亲人、组织和社会的重视、帮助、支持而心怀感激;失落阶段,利益相关者逐渐意识到由于危机事件带来的负面影响,尤其是难以迅速地恢复到危机事件以前,蒙受的损失也难以弥补,表现为挫折、不满和埋怨的心理状态。调整阶段,利益相关者开始接受现实情况的发生,重建心理过程,设计安排未来,如果能够平稳渡过该阶段,就能学会应对危机的策略,从而提高心理素质,如果不能顺利渡过该阶段,则将会永久地留下心理创伤,影响到未来的社会适应能力。

危机公共关系部门需要及时地、全面地收集和分析利益相关者信息,把握好利益相关者的心理动态特征,同时从行动调解策略和心理调解策略两个维度开展冲突调解工作。

(一)行动调解策略

危机公共关系部门的行动调解策略应围绕利益相关者的期望和诉求,在组织承受的边界内部和条件允许的情况下,尽量地满足利益相关者的合理要求,主要包括安全需求、物资需求、信息需求和情感需求。首先是安全需求，利益相关者刚刚受到危机事件的直接冲击，所处的环境充满各种各样的风险，随时可能转化为危机再次爆发。此时，安全需求是首要的需求，包括生理上的身体安全和精神上的心理安全。其次是物资需求，利益相关者在危机事件之后，一般会遭受不同类型、不同程度的损失，尤其是生活物资的损失，则急需危机公共关系部门提供必要的物资援助。然后是信息需求，利益相关者在危机事件中会对危机公共关系部门提出大量的信息需求，如政府的危机管理部门、医院的应急管理部门、新闻机构的信息中心等，一个是量上的要求，需要提供详尽的信息和消息，另一个是质上的要求，需要提供准确的层次性新闻报道。最后是情感需求，利益相关者会产生不同的情感需求，直接利益相关者很可能需要进行倾诉和情感宣泄，来摆脱危机事件的冲击，间接利益相关者则可能产生孤独、害怕和恐慌心理，需要亲人的支持、帮助和鼓励。

（二）心理调解策略

危机公共关系部门的心理调解策略应该围绕利益相关群体的心理恢复救助，是心理方面的微观工作，但在危机公共关系部门和危机处理过程中需要予以足够的重视。利益相关者在危机事件发生后，会在个体评估和集体感染的作用下出现紧张和焦虑的心理状态，再通过自我调节和心理调解作用趋于舒缓和平静，直到清楚危机源头实现恢复和回归。

1. 心理调解的原则。危机公共关系部门的心理调解策略必须坚持以人为本的原则，将利益相关者的合理诉求放在首要地位，同时遵循五大规律：心理调解时效性规律、目的性规律、系统性规律、情感呵护规律和重建信心规律。

2. 心理调解的方法。在心理调解策略中，虽然需要心理干预专家的指导下进行,但如果危机状况特别紧急,普通工作人员也必须掌握基本的心理调解步骤,主要包括:确认问题根源、保证生命安全、持续健康沟通、解决相关事宜、制定改进计划以及获得正面回应。

3. 心理调解的指导。工作人员不可能时常陪伴在利益相关者左右,但却可以在专家的指导下帮助利益相关者自我调适,主要的方法有:亲友倾诉法、情绪发泄法、环境转换法、心理补偿法等。其中心理补偿法是用学习、工作的时间填补心理缺失,恢复心理平衡,摆脱心理痛苦。

第三节 危机公共关系的应对与技巧

一、危机公共关系的应对机理

危机公共关系的应对机理是个系统化的运作体系,首先需要确保危机事件的危害程度不再加深,其次需要力求危机事件的危害范围不再扩大,最后需要弥补危机事件造成的组织损失。对危机公共关系部门而言,在危机事件的应对过程中,必须做到不设前提假设、不要推卸责任、不能扩大议题、不可陷入争执。在事件处理过程中面临着行动和任务两大系统。

(一)危机公共关系应对的行动系统

危机状态下,公共关系主体会开展一系列的行动,构成危机公共关系通用的行动系统。首先是紧急部署、迅速就位。危机公共关系部门要启动危机中的信息机制和识别机制,组建临时危机公共关系应对小组,包括领导成员、工作人员等。一般情况下,危机应对需要得到组织相关部门的协同努力,调动不同部门的人力和资源，涉及的外部机构更是涵盖政府机关、医疗机构和心理咨询等多个领域，需要危机应对小组成员迅速就位，发挥各自的危机应对职能。其次是稳定内部、统一思想。危机事件发生后，由于信息缺乏和不对称的原因，社会公众将会陷入恐慌、害怕和不知所措的情绪，甚至有可能集体丧失理智，夸大危机事件的事实并扩大危机事件的影响。如果组织的内部人员能保持冷静和理性，在足够的信息支持下，将准确和正规的信息传递给社会公众，可以缓解社会公众的紧张情绪，也有助于危机事件的有效化解。最后是全面应对、沉着迎战，可以体现在领导带头，权威表率；稳定人心，做好服务；信息发布，引导舆论；形成合力，落实措施；总结检查，重塑形象等。

（二）危机公共关系应对的任务系统

危机公共关系的各项任务，包括危机公共关系的管理、危机公共关系的识别以及危机公共关系的处理三大部分。在完成各项任务时，也需要注意三个问题：第一是危机公共关系的应对是由一系列事项及活动有机组合而成，不是简单工种，而是复杂工种；第二是危机公共关系的应对并非危机公共关系的全部内容，实际上只是其中一部分而已；第三是危机公共关系的应对要注意危机事态的升级问题，保持各个部门和各项任务的联动机制。从任务系统的根本性机理来说，主要存在有三个机理：

1. 引导性机理，指引导社会公众向组织预设的目标行动，主要包括：观念的引导和行为的引导两个部分。其中，观念的引导是由危机公共关系的信息机制、识别机制、冲突沟通和冲突调解等方面构成，而行为的引导既要符合社会的行为标准，又要遵守组织的行动安排，可以由社会平台选择、信息媒介宣传来实现。

2. 劝说性机理,指劝说社会公众实现组织预设的管理目标,存在正面劝说和反面劝说两个部分。正面劝说是危机公共关系部门通过展示优势、宣传好处等方式,使得社会公众向实现预期的积极目标行动;反面劝说是危机公共关系部门通过设置惩戒、言明后果等方式,使得社会公众不要向预期的消极目标行动。

3. 联动性机理,指危机公共关系主体随时识别危机性质和特征,针对危机可能的升级和变异,采取联动机制来应对,包括有部门联动和任务联动两个部分。其中部门联动包括:主管部门联动、配合部门联动和社会力量联动等;任务联动包括:危机管理联动、普法宣传联动和道德感化联动等。

二、危机公共关系的应对技巧

危机公共关系的应对技巧各式各样,都是对危机公共关系处理实践过程中的总结,既不能将技巧死记硬背,也不能将技巧生搬硬套,而是要结合具体的危机事件、组织实际和社会环境等各种因素条件,以及利益相关者管理、议题管理、危机预案和危机识别等不同危机理论,综合处理,灵活应对。下面将简单地介绍五种危机公共关系的应对技巧,仅供参考借鉴。

（一）勇于认错　博得同情

发生危机事件,如果组织对危机产生原因的解释牵强附会、强拉硬扯,总是在寻找客观理由,不可能得到社会公众的同情。但是,如果勇于认错,彻底地解释清楚原因,诚心地检查自身错误,由于社会公众的心理定势是"同情弱者",会选择谅解组织的失误。

学习示例:

王石"捐款门"事件:2008年5月12日,在为四川地震灾区捐款200万元之后,万科董事长王石表示,"万科捐出200万是合适的",并规定"普通员工限捐10元,不要让慈善成为负担"。在遭到近十天的"批判"和"讨伐"后,深陷社会信任危机的万科和王石开始意识到社会民心的缺失,意识到不合时宜的博客宣言带来的是企业信誉度和美誉度的丧失。5月20日,万科发布《关于参与四川地震灾区灾后安置及恢复重建工作的董事会决议公告》;21日,王石在接受媒体采访时首次对自己的言论表示了歉意。

人非圣贤孰能无过,作为拥有影响力的公众人物和企业组织的重要管理者,发生言语和行为上的疏忽在所难免,但王石能够勇于承认自身的错误,弥补错误产生的后果,危机公共关系必将随之消除。

(二)只说自己　不涉同行

有些危机事件不仅在特定组织发生过,在其他同类组织也发生过,此时只能检讨和分析自身的管理问题,寻找和探究自身发生危机事件的原因,不可以因为其他组织也发生过类似事件就开脱事件的责任,更不能因为其他组织也存在相同的问题而逃避社会公众的质询。

学习示例:

"和颐酒店女生遇袭"事件:2016年4月5日,一个名叫"弯弯_2016"(简称弯弯)的微博用户连发数篇微博,上传视频并配以长文叙述自己在酒店遇袭的事件经过,事情发生超过一天多,酒店方并没有人对她表示过关心。此事经微博大 V 转载之后,迅速在网络上扩散,微博话题"和颐酒店女生遇袭"阅读量超 27 亿,280 万的讨论。4 月 8 日,事发酒店经理在接受采访时表示此事是炒作。对此涉事酒店回应,是经理的个人行为不代表集团观点,该员工已被严肃处理,仍令网友质疑该酒店的工作人员的素质。

在危机公共关系中,面对媒体的采访、社会的质疑,首先要做的是从自身的管理上寻找和探究原因,而不是一味推卸和开脱责任,如家酒店经理显然缺少危机公共关系应对的技巧。

(三)实际改正 拿出举措

危机事件的处理不但要公布事实,承认错误,更为重要的是改正错误,落实举措,要真诚地拿出改正错误的实际行动,要认真地落实防范错误的具体举措,不能因为危机事件影响已经消散,就没有改正前进的动力,没有落实的真抓实干,这类组织的发展也不可能长久。

学习示例:

三星 Note7 爆炸频发:2016 年 8 月末和 9 月初,三星 Note7 爆炸事件频现。9 月 2 日,三星方面宣布因为电池安全问题,对全球发售的 250 万部 Note7 进行召回。可仅更换中国区 1858 台三星 Note7 体验机,并不对 9 月份起销售的手机进行全面召回,表示国行版因电池配置不同,没有相关危险。然而,中秋节之后,百度贴吧里就有消费者表示自己国行版三星 Note7 电池爆炸,图片中还附有京东的发票。随后,京东承认是他们卖出的手机,并且紧急停止线上销售。可是,三星中国官方表示该产品产生损坏是外部加热所导致,更加令人感到扑朔迷离。

从品牌的角度来说,此事对三星手机品牌产生的负面影响可载入其发展史册,手机电池爆炸关系到用户的生命安全,三星对中国区采取自以为正确,但又不足以安抚民心的方法,没有防范的举措,更没有实际的行动,势必导致用户的不满和品牌形象的丧失。

（四）主动出击 解释根源

危机事件出现后,组织要及时地解释清楚危机发生的根源,不要等社会公众、媒体掀起谴责的浪潮,等危机发展成不可收拾的地步,才被迫地出来向社会公众、媒体澄清实情。此外,组织解释危机发生缘由时,要准备强有力的证据,最好有图像模拟,有现场还原。

学习示例：

南京徐宝宝事件：2009年11月3日,南京五个月大的婴儿徐宝宝因高烧、眼眶部肿胀等症状,入住南京市儿童医院治疗,婴儿住院期间病情恶化,家属几次向值班医生反映病情,由于医生打游戏、睡觉等原因,都未得到及时有效救治,导致了婴儿病情急剧恶化,在次日早晨不治身亡。11月10日,南京市儿童医院的调查结果否定了患儿父母的说法,而南京市卫生局更是在没有做任何调查的前提下,直接引用儿童医院的调查结论,一时间满城风雨,谣言四起。在由专家、网民、记者等组成的联合调查组观看事件录像时,发现患儿母亲存在三次下跪的镜头,患儿家属的投诉情况基本属实,认定南京儿童医院有失职行为。

在危机公共关系应对技巧中,"主动出击"和"解释根源"是澄清事实真相,获得公众认同,最终解决危机事件的重要途径。南京徐宝宝事件的圆满处置,得益于多方联合调查组的成立和强有力视频证据的解释。

(五)突出宣传　领导岗位

危机事件处理过程中,主要管理者亲临第一线解决棘手问题,可以安抚人心、鼓舞员工,可以稳定利益相关者的情绪,使得社会公众、媒体感到安慰。同时,组织的管理者在危机事件处理的前线,能展现组织负责任的态度和化解危机事件的决心,获得广泛的理解和支持。

学习示例:

顺丰快递小哥被打事件:2016年4月17日,顺丰的快递小哥被掌掴辱骂的视频被广泛传播,从视频中看到快递小哥默默低头承受的样子,令网友大呼心疼,引发强烈的社会关注。当晚,顺丰集团总裁王卫朋友圈转发此条新闻,并配以文字:"我王卫向着所有的朋友声明!如果我这事不追究到底!我不再配做顺丰总裁!"在此之后,顺丰集团官方微博也发表声明,称已经找到受委屈的小哥,会好好照顾。4月18日,官方微博发布长文,表示已经带小哥向警方报案,并坚定依法维权。面对如此霸气的回应,集团总裁王卫得到了20多万的点赞,更是令话题上升了一个新的高度。

企业组织的管理者对底层员工负责,其本质就是对社会公众负责,顺丰集团总裁亲自为快递小哥伸张正义,不仅树立了个人威望,而且提升了组织形象。

第四节　危机公共关系的转危为机与形象修复

一、危机公共关系的转危为机

危机公共关系部门在应对危机事件的同时也要做好转危为机的工作,要明确危机事件不仅仅是危机本身,实际上也蕴含着机遇。一般来说,危机公共关系的处置过程中,已经给组织带来较高的知名度,转危为机工作的核心就是提高组织的美誉度。在危机公共关系的转危为机中,组织也同样需要注意两项机理:一项是正面机会,即危机状态让组织受到社会普遍的关注,如果趁热打铁则可以开创"高知名度＋高美誉度"的理想模式;另一项是负面机会,即危机状态下让组织积累了负面效应,如果不能及时和妥善地处理,可能出现"低知名度＋低美誉度"的困境模式。在正面机理和负面机理的选择中,组织管理者肯定不希望出现负面机会的情况,这就需要组织的危机公共关系部门尊重正面宣传规律:首先是时代的社会规律,应遵循时代的社会主流意识和主流价值;其次是公众的心理规律,应符合社会公众的口味,符合普通大众的逻辑;最后是信息的传播规律,应遵循信息传播的渠道原则,符合信息传播媒介的选择标准。

(一)"讲"出来:困难与思路

危机公共关系部门在不违背保密原则的前提下,可适度地将危机处理的困难向社会公众传递,让社会公众来了解危机事件应对的不易之处。同时,危机公共关系部门也可以在允许的条件下,恰当地传递应对冲突沟通和冲突调解的思路,从而让社会公众知晓组织的规划和安排,更加有利于与危机事件中的利益相关者沟通和协调。

(二)"秀"出来:过程与成效

危机公共关系部门在危机处理中的优势和劣势不妨展现出来,可以借助危机状态下的"知名度",扩大知情面,加深知情度,营造良好危机处置环境。当然,危机处理过程的展示也应该突出重点,要以社会公众、媒体的认可为标准来展现已经取得的危机处理成效。

(三)"做"出来:整改与互动

危机公共关系转危为机策略的实质是行动,一方面整改危机中暴露出的各种问题,另一方面整改危机产生原因的各项问题。然而,组织的行动不能只靠自身来评价,需要加强社会公众、媒体的参与和互动,借助社会各界的力量推动组织的整改工作。

学习示例:

无印良品"315"逆袭之路:2017年3月15日,在"315"晚会被曝光的品牌中,无印良品和部分跨境电商栽在了日本进口的商品上,理由是它们违规出售日本福岛核电站泄漏事件中禁售产地的商品。危机事件发生后,国内口碑十分不错的无印良品被贴上"违规"的标签,显然对品牌形象的杀伤力极大,尤其是"在外包装上贴中文标记"的动作,被央视定性为是一种欺诈手段。3月16日中午,无印良品针对被央视"315"晚会点名一事发表声明指出,此次引起误解的原因是所销售进口食品上的日文标识,即"贩卖者株式会社良品计画RD01东京都丰岛区东池袋

4-26-3",而该信息为出口商的母公司名称及其法定注册地址,并非本公司所售进口食品的产地。也就是说,央视记者弄混了公司注册地和食品生产地。此外,在无印良品的声明最后附上了每批次食品报关报验单等证明复印件,上海出入境检验检疫局也回应称:"经核查无印良品(上海)商业有限公司进口记录,未发现有来自于日本核辐射地区的产品。"此后舆论迅速反转,网友情感值迅速回升,危机公关成功帮助品牌转危为安。

上述示例呈现危机公共关系转危为机的方法,首先是"讲"出来,及时澄清事实真相;其次是"秀"出来,附上相关证明文件;最后是"做"出来,请求权威部门回应。

二、危机公共关系的形象修复

在现代社会,一方面组织形象管理日益受到重视,另一方面组织所处内外部环境愈加复杂,作为危机恢复管理中的一个重要环节,除了事实层面的修复以外,价值层面的修复也不容小觑,要求组织根据不同危机情境来选择恰当的形象修复策略:否认型策略、弱化型策略、重建型策略和支持型策略。

(一)否认型策略

否认型策略主要针对组织是危机事件的受害者情况,更加容易得到社会公众和媒体的同情。在此情况下,组织采取否认或回击的方式加以应对,一方面否认可以起到辟谣、澄清的效果;另一方面,回击可以驳斥相关的指责和质疑,有些情况下还应当以法律手段维护组织的形象和声誉。

(二)弱化型策略

弱化型策略主要针对组织是意外事故的相关者情况。弱化型策略指避重就轻、寻找突破、淡化危害的传播策略,目的在于弱化危机事件可能引发的破坏及其他负面影响。由于意外事故是出于组织的"无心之过",组织采取弱化责任和危害的方式,既是一种简单有效的应对策略,也是维护和修复组织形象的应对策略。

(三) 重建型策略

重建型策略主要针对组织是危机事件的责任人情况。也就是说,危机事件的处理不能将事件本身轻易剥离出组织的整体环境,也不能被视为一般性偶然事件。因此,组织必须承担起全部责任,真诚致歉来得到社会公众、媒体的谅解,并且对所有受害者妥善安置、做出补偿,从而重塑组织形象。

(四) 支持型策略

支持型策略强调的是组织曾经做过的相关慈善活动或者获得过的相关正面评价,希望通过塑造出危机事件受害者的形象来获得社会公众、媒体同情,进而化解危机事件,维护组织形象。

经典案例分析

一、案例介绍

巴黎时间 2009 年 6 月 1 日 4 时,一架载有 228 人的法航空客 A330 起飞后不久就与地面失去联系,机上 228 人全部遇难。事故发生后,不但乘客家属,许多媒体和评论人士都对法航和政府的处理表达不满。他们之所以不满,并非因为飞机失踪、乘客遇难便苟责于人,而是因为有些本来可以做成的事,法航和法国政府却并未做好、做到位。

据"西南法国"电视台披露的时间表,巴黎时间 4 点 15 分巴黎机场收到了飞机自动发来的"电器故障"报告,当时已知飞机进入积雨云区,可是法航方面直到 7 点多才向上级汇报"飞机可能出现问题"。然而,在航线附近、能够就近提供搜救支援的法国驻塞内加尔空军飞机却迟迟未曾起飞,一直到 16 点左右,法国空军的两架搜救飞机才蹒跚起飞。若法航 AF447 航班仍在正常飞行,按照开始搜救的时间来计算,此时应该已经到了巴黎。可想而知,因为亲人生死未卜而在巴黎机场心急如焚的家属们,对法航和法国政府如此的反应速度,会有怎样的感受。距离巴西方面宣布失事后仅 90 分钟,法航通信主任弗朗索瓦·布劳斯就匆匆抛出"雷劈说",并暗示法航没有责任,也不存在机械故障或人为失误的可能。这种轻率仓促的事故责任认定自然遭到了媒体的一片质疑,《解放报》的文章更是指出,在那样一条成熟的航线上,遇上雷电的概率本来就很低,况且早应有充分预案,若真的被雷劈而坠毁,法航的责任只会更大。

更加匪夷所思的还在后面。根据欧洲电视一台报道,当晚法国政府负责交通运输的国务秘书多米尼克·比瑟罗表示,法国总统萨科齐将会"可能在下周一"、"可能在爱丽舍宫"接见 AF447 航班乘客家属,并称"总统希望届时可将实情告诉家属们"。可想而知,正沉浸在悲愤中的家属们听到如此消息后的心情——最惨痛的空难,最宝贵的生命,却要被搁置几乎整整一周才能被排上第五共和国总统的议事日程。另据《新观察家报》的报道,法国情报机构"调查与分析局"已紧急派出曾成功调查 2000 年协和式客机坠毁真相的阿兰·布亚尔为调查专员,宣称"将动用一切手段来调查事故真相",这种举措显然有"亡羊补牢"的危机公关之意,虽说为时已晚,但迟做总比不做好。

二、案例启示

此次法航空难危机事件发生后,法航高层该着急的不着急,该慎重的不慎重,只能让这家国有企业在社会公众、媒体心目中的评价分数再一次被压低。同样,法国空军的迟缓救援,法国总统的漫不经心,则会让社会公众和媒体认为,政府并未将生命、安全以及社会责任这些最为大众所看重的东西放在理应放在的重要地位上。任何一个政府或者组织机构,当危机公共关系事件发生后必须迅速做出妥善、负责任的处理和应对,也许最终不能力挽狂澜,但倘若连本来能做的事情都不去做,不去做好,必将会引发社会公众和媒体的强烈不满。法国政府对法航客机失事的态度过于草率,没有让遇难者家属感到政府的善意,使得他们在失去亲人的同时得到应有的慰藉,也就无法获得他们的谅解和支持。

思考题

1. 危机公共关系的处理阶段有哪些?如何与危机公共关系的管理相衔接?

2. 危机公共关系的冲突沟通和调解分别存在哪些应对策略?如果企业的产品被曝光存在质量问题,如何选择合适的沟通和调解策略化解危机?

3. 设想一下,如果您所在组织遭遇主体不当型危机公共关系,其中有可能蕴含着哪种机遇?

第五章

危机公共关系的媒体应对

入则笃行,出则友贤。
——儒家代表人物,荀子

 **学习目标**

通过对本章学习,正确理解和把握现代媒体;合理看待和利用舆论舆情;掌握危机公共关系中的媒体应对技巧;熟悉危机公关中媒体关系的维护与操作。

 **导入案例**

随着媒体技术和媒介产业的不断发展,媒体在整个社会发展中扮演着越来越重要的角色。在媒体化与信息化的社会中,危机事件发生后,作为危机沟通中最重要的信息渠道,媒体是无法或缺的部分,媒体关系的维护以及媒体功能的发挥将直接影响到危机公共关系的应对效率和沟通效果。

作为"第四权力"的媒体,同样有责任在危机公共关系管理中承担一定的政治责任和社会责任。因此,不难看出,建立政府、企业、社会组织、社会公众以及媒体之间的良性互动关系将有助于危机事件的有效应对。

第一节 正确理解和把握现代媒体

现代社会,媒体变化的速度之快,令人目不暇接。进入现代媒体时代后,各种软危机事件时常发生,这种软危机在短时间内造成了组织软实力的急剧下降,而且其直接推手就是现代媒体。可见,现代媒体能够让任何组织的负面行为瞬间传遍世界。但从另一角度来看,现代媒体也能够成为危机公关的重要手段,可以凭借现代媒体来传播组织的正面行为或信息,以此来挽回组织的美誉。

一、现代媒体的内涵及其角色定位

互联网时代是一个多媒体的时代,是一个全媒体的时代。从现实生活来看,互联网已深深地融入人们的生活中。互联网的出现,彻底改变了人们接受信息和传播信息的习惯,完全颠覆了人们传统的信息接收手段,让人们能够自由、民主、平等地享有使用信息、接收信息、处理信息的权利。当人们打开手机、登录网站的时候,当用电脑或者手机看电视、传输信息、浏览网站、使用微信和 QQ、接发电子邮件、传送微博的时候,能感觉到这些信息平台的接收方式和过去完全不一样。以计算机技术和互联网技术为代表的新媒体一定会替代部分传统媒体的功能并让其逐步消失,同时,也会让一些新兴媒体快速走进人们的生活。那么,什么是现代媒体呢?事实上,这个问题很好回答。进入新世纪后,以计算机技术和网络技术为载体的新媒体、新技术飞速发展,日新月异,以致这种传播各种信息的媒介或载体发生了根本性的变化,传播方式也日益依托于计算机和互联网,这就是现代媒体的基本内涵。

现代媒体在危机公关过程中,是实现信息通道理论的主要因素。通过现代媒体,公共部分能够及时、有效地给"信息管道"灌输充足数量的官方信息和正规信息。因此,从根本上来讲,现代媒体在危机公共关系中的定位就是"把好关",允许符合规范或价值标准的信息内容进入传播的渠道。在这一过程中,现代媒体的"把关人"职能是对信息是否可以进入传播渠道或继续在渠道内流动做出决定,并最终把信息传达给受众。由此来看,广大的信息受众只不过是被主体控制的客体,处于传播过程的末端,面对丰富的信息资源只能被动地选择接受。在危机公共关系中,现代媒体要做好"把好关"这一职能并非易事,同时还要承担着三重职责。第一,制定信息把关流程,并且能够根据相关制度与流程迅速、及时地发布高质量信息。第二,明确信息把关标准,这一标准能够有效甄别有问题的信息,做到分清良莠并筛选高质量的信息。第三,具有卓有成效的信息把关手段,而且可以凭借这一手段实现实时的信息监控和信息把关。

二、现代媒体与传统媒体的差异

随着计算机技术和互联网技术的飞速发展,传统媒体也开始谋求革新,并在技术和传播方式上不断与现代媒体融合,从而让传统媒体有了现代媒体的"影子",这在一定程度上模糊了现代媒体与传统媒体的差异边界。即便如此,现代媒体与传统媒体之间还是存在着一定的差异。

(一)传统媒体是官方媒体,人们是信息的被动接受者

传统媒体需要资金和人力打造传播平台,需要人们耗费大量时间和精力去搜集信息,这是单个人无法实现的。在传统媒体中,就是通过对信息的控制来吸引大众,人们需要去阅读或收听才能获取信息,也因此而成为媒体的被动接受者。另外,人们无法轻易地发表自己的见解,所要表达的信息首先需要投稿给媒体,并经过传统媒体组织的审稿、认可、修改后才能公开发表。而现代媒体给个人提供了一个较为简单且便捷的信息发布和接收平台,人人都能够成为信息的发布者和接受者。

(二) 现代媒体更显民主和自由，且节省人力与财力

传统媒体大多控制在少数人手里，媒体控制者可凭借对信息"入口"和"出口"的控制权利来有意地制造信息、传播信息或是封锁信息，进而达到其自身的目的。但是，现代媒体可以让人们直接从当事人手里获取第一手信息，并轻松、自由地发表自己的意见和观点，充分展现出民主和自由。另外，传统媒体的信息发布需要经专人采访、人工编辑、印刷、运输、分发等系列途径，才能被大众所获取，其中的每一个环节都需要耗费人力和物力。相比较来讲，现代媒体更倾向于互联网和无线电传播，其传播方式更简单、速度更快、人力和物力的投入更低。

(三) 现代媒体是多种大众媒体的综合体，是人们传递信息的主渠道

传统媒体在功能上通常具有单一性(如广播、电视、报纸和杂志等)，且不能相互替代或是相互兼容。不同的是，现代媒体则是多种大众媒体的综合体，而且集各种类大众媒体的功能于一体，诸如交友聊天、语音短信、收发文件、阅读观赏、新闻浏览、电视电台、购物消费、旅行交通等。而且，现代媒体能够让任何人在任何时间更轻松自由地接收每天发生的各类消息，并且便捷地对外发布自己所知晓的任何信息。相比传统媒体，现代媒体的手段更宽泛，传播手段也更富成效，也由此而成为人们日常传递信息的主要渠道。

三、现代媒体发展演进的主要表现

时代在发展，媒体也在演变。现代媒体的不断演进和变革既有内因，也有外因。归根结底，其发展演进主要表现在以下几个方面。

（一）媒体竞争越来越激烈，大众的要求越来越高

计算机技术和互联网技术的快速发展，催生了媒体总量的不断增多，以致市场竞争压力日益增强。除此之外，诸如互联网、微信、QQ以及微博等新兴媒体的不断加入，使得传统媒体根本上难以为继，并为现代媒体的发展成长提供了现实条件。另外，经济社会的不断进步，使得社会大众与媒体的联系越来越紧密，社会大众对媒体的客观需求或要求不断上升。在现实生活中，社会大众对信息或资源的获取大多来自新媒体或现代媒体，与现代媒体的互动性也越加频繁，随着社会经济发展和科学科技创新的不断推进，社会大众对信息获取或传递的客观需求也随之而增强。可以说，互联网、智能手机以及平板电脑的问世与更新，计越来越多的人开始染上了"网瘾"或是"手机综合征"。

（二）发展导向由单一的政治性转化为政治性与经济性并存

在市场经济环境下，现代媒体的发展导向不再是类似于传统媒体的单一政治性功能，而是逐步转化为政治性与经济性并存的功能。而且，在不同的时间节点或时间段内，现代媒体的发展会在政治性和经济性两个标准中来回滑动。从某种程度上来讲，现代媒体的发展导向是符合市场经济发展的客观规律。因为，当前现代媒体所追求的"收视率""收听率""阅读率""点击率""支持率""回复率"以及"打赏率"等指标与其经济收益或创收具有直接关联，较高的"收视率"和"点击率"能让现代媒体获得更多的广告收入和冠名收益。

（三）自身管理模式发生变化，从吃"皇粮"演变为自负盈亏

进入信息化、市场化新时期后，现代媒体的从业人员开始

从昔日的"铁饭碗"或是吃"皇粮"事业单位人员,进一步演变为自负盈亏的企业从业人员。从某种程度来讲,这种职业形态的转变让媒体从业人员一下子丢失了足以让人自豪的"金饭碗",并且开始有着失业的可能。而且,媒体的自身管理机制或管理模式也发生了根本性的变化,并在市场经济的影响下而开始设立经营部、广告部、外联部等具有"创收"性质且不可或缺的组织部门。

四、现代媒体的正面效应与负面效应

在现实生活中,现代媒体的发展总是正向效应与负面效应共存的。如果适宜地、正向地利用现代媒体的力量去提升知名度,以此达到知名度与美誉度的和谐统一,这是正向效应。如果有意为之,并利用现代媒体途径去制造所谓的轰动效应,而达到某种动机不纯的目的,那么就是负面效应。

(一)正面效应

在经济社会发展过程中,现代媒体的出现与发展一直是秉承着其正面效应的发挥。其中,现代媒体的正面效应主要表现在以下几个方面:第一,发布信息。在大众传播时代,具有时效性信息的及时发布与传播是媒体生存发展的根本要求。事实上,更简单、更快速的传播方式以及更宽广的传播途径让现代媒体赢得了传统媒体根本无法实现的效果。第二,监督社会、匡正谬误,引领社会进步。新时期的现代媒体除了成为党和国家的喉舌以及宣扬正能量的有效机制,还具有监督社会、匡正谬误的责任,诸如揭示经济社会发展中的某些不良行为和事项,引领社会进步。第三,合理引导消费。作为经济发展的三架马车之一,消费促进经济增长的作用是不容忽视的,现代媒体对大众消费的合理引导正是为我国经济社会发展提供了动

力。另外,经济社会的不断进步,让社会大众的消费需求总量和多样性不断上升,现代媒体关于消费信息的有效传递正是缓解了消费需求与消费供给的不匹配问题。

（二）负面效应

从根源来讲,社会大众对信息的获取大多来源于社会媒体（包括现代媒体和传统媒体）。而且,社会大众对各类社会事件的理解与看法在很多情况下是直接性的,并没有经过缜密的思考推敲和逻辑推理,而是顺应媒体的报道与评价。那么,在这种情况下,媒体就有可能为了某种利益而对事件进行"选择性"报道和"突出性"报道,进而影响公众并在思想上"绑架"公众,以此来煽动公众情绪、制造有目的的舆论压力,并误导舆论、影响相关部门的有效决策。事实上,这种负面效应在现代媒体中也是时常发生,这也为"网络水军"和"网络公关"制造了盛行的机会。另外,在市场经济的利益驱动下,部分现代媒体为了博取公众的眼球以实现所谓的"点击率"和"阅读率",而在信息传递中充斥着大量的庸俗媚俗的内容。比如明星的各种传闻与绯闻、"狗仔队"笔下的"揭秘"、娱乐报刊中的猎奇事件和"偷窥"新闻等。总而言之,现代媒体的产生与发展也让其逐步演变为一种"武器",一种能够制造大量杀伤性结果的隐性"武器"。

第二节　合理看待和利用舆论舆情

一、对媒体理解存在一定误区

现代社会日新月异,但总是存在着一部分人不去领悟新知识、新的工作和生产方式，只倚靠已过时的学识和认知来看待社会问题。表现在对待社会媒体方面就是不了解社会媒体的发展趋向，并对社会媒体的理解存在着一定的误区。其中，最主要的误区就是不了解社会媒体（尤其是现代媒体）的作用，以致在与社会媒体互动时表现出轻视媒体或者害怕和讨好媒体两个极端。从根本上来讲，具有这两种极端表现的人的心理症结是一致的，即不理解新兴媒体，无法真正理解媒体的公权利和社会力量。

另外，现代社会被媒体曝光的危机事件或造成的舆论舆情，绝大部分是人为造成的。当这些危机来临时，很多人因为没有积累足够应对媒体的经验，而不知该如何处理。事实上，合理应对由媒体引起的危机或舆论舆情，是任何一个党政机关、企事业单位的领导干部或普通工作人员需要学会的基本能力。对舆论舆情处理得当，则能转危为安，扭转"败局"，修复好组织形象并挽回原有的声誉。如果对舆论舆情处理不当，则极有可能让组织形象一败涂地。

二、制造舆论舆情的根本目的

在市场经济日益繁荣的今天，媒体因片面追求经济利益而违背政治责任、社会责任以及职业道德的案例已不在少数。究其原因，还是因为少数媒体一味地追求经济利益最大化，并利用媒体本身的公信力而做起了金钱交易的勾当。其中，不乏有人利用媒体曝光而可能产生的舆论舆情，对企业或个人进行敲诈勒索，以达到其一已私利。具体行为表现就是找出并抓住一些企业的"空子"，打着媒体监督的幌子，对企业实施威胁曝光，从而达到让企业在媒体投放广告或签订"合作"协议，以谋取私利。另外，如果无法找到企业的"空子"，某些人或势力还会在互联网上用谣言抹黑企业形象,对企业进行别有目的的造谣中伤。

除了实施敲诈勒索以谋取私利,也有人利用媒体的舆论舆情,而对部分社会事件进行断章取义、挑拨是非。从媒体的属性特征来看,媒体的公信力就在于传播信息的真实性,失去了真实性,那么媒体也就失去了社会公信力。因此,按理来讲,所有媒体机构都应该客观、准确、真实地报道新闻和传播信息。但在市场经济的今天,一些媒体为了博取大众眼球,追求所谓的"点击率"和"阅读率",而耍一些"小聪明",玩一些"障眼法",剑走偏锋地制造一些无中生有的"热点"和"卖点",使用一些别有用心的语句来挑拨公众的情绪。此外,也有一些媒体出于自身恶毒的目的,随意编造出一些新闻事件,制造轰动效应并恶意攻击,以达到卑劣的目的。

学习示例:

专业财经媒体新闻敲诈犯罪案:2013 年 11 月以来,专业财经媒体 21 世纪网主编刘某,伙同副主编周某以及部分采编经营人员,勾结上海润言、深圳鑫麒麟等财经公关公司,采取公关公司招揽介绍和业内新闻记者特色筛选等方式,寻找目标企业进行非法敲诈活动。对于愿意做"正面宣传"的企业,犯罪嫌疑人通过夸大正面事实或掩盖负面问题来收取高额费用。对于不与之合作的企业,则在 21 世纪网等平台发布负面报道,以此实施恶意攻击并要挟企业投放广告或签订合作协议,从而获取高额广告费或好处费。2014 年 9 月 3 日,在广东、北京、湖南等地公安机关的协助配合下,上海市公安局组织开展集中活动,并将涉案人员全部抓捕归案。

> 媒体是社会公众了解事实真相、获取资讯信息的管道，但是却成为少数趋利之徒的敛财工具，传播大量失真报道，损害媒体的公信力。

三、制造舆论舆情的主要手段

一般来讲，当媒体觉得某个新闻事件具有炒作的价值时，总会想尽一切办法或使用一切手段来制造舆论舆情，以达到博取大众眼球、追求新闻价值最大化的效果。总的来讲，媒体制造舆论舆情的主要手段有三条。

第一，雇佣水军来扩大影响。当某些社会事件发生后，媒体为了扩大事件的影响力，就会大量雇佣网络水军来达到目的。网络水军通常受雇于一些网络公关公司，主要通过为他人发帖和回帖，并以注水发帖来获取报酬。一般情况下，新闻事件的发展壮大大多是由网络水军和一些"大V"进行网络炒作，从而提升网络新闻事件的知名度。不过，在一个新闻事件的舆论形成之后，其影响力和持久性是十分有限的，要想产生持久的影响力并不容易。为了保证事件影响力延续不断，个别媒体还会对新闻事件的报告和转贴进行煽风点火，或者各种媒体轮番上阵，以期让新闻事件的社会影响力达到巅峰。

学习示例：

奇虎360公司被网络水军攻击：2009年7月份，奇虎360公司正式推出了一款免费杀毒软件，承诺永久免费杀毒服务。这一新闻的发布，让奇虎360公司成为杀毒软件行业里的最抢眼的角色，也由此遭到舆论舆情攻击。7月29日，一篇名为"奇虎离职老员工的告白"的帖子频繁出现在各大论坛,并曝出"奇虎暗中搜集用户的隐私数据"等种种问题。事后,该帖子得到大量的点击与回帖,一年多的时间里就受到数十万以上的恶意负面帖子攻击。

按照正常的传播规律,一个热点话题在网上传播高峰正常为三天,在三到五天后,如果突然再次出现传播高峰,又没有特别新的内容而导致旧话重提,这样的高峰就极可能是由网络水军推动造成的。

第二,撰写博人眼球的标题。在这个信息爆炸的年代,一条新闻或信息要想被人看见已经很难了,而要想脱颖而出更是难上加难。要抓住大众的注意力,新闻标题的撰写就显得十分重要了。一个博人眼球的标题,除了要和当时的社会热点相结合,还要抓住社会大众最关心、最时髦的字眼,甚至挑选出一些有刺激或是煽情的字词,让人们看到标题就一定会有强烈的情绪感。如果这一标题除了博人眼球,还能瞬间将人们的情绪煽动起来,那么就更加成功了。

学习示例:
万达损失了66亿:2017年6月23日,凤凰网发布一则新闻《万达损失了66亿这天 身价60亿的王思聪在干啥》。自6月22日开盘起,万达集团旗下上市公司万达电影的股价一路暴跌,并在午后临时停牌,半个交易日就跌了9.89%,总市值蒸发了66亿元。而在2016年底,由胡润公布的中国富二代身价榜单,排名第11位的王思聪身价才60亿人民币。这种博人眼球的新闻,能够在信息大爆炸时代迅速进入大众的视线。主要抓住两个关键点:

> 一个是金钱,如"损失66亿"和"身价60亿";另一个是很具有话题性的富二代王思聪。

第三,虚构事件情节,以达到混淆视听的效果。在很多的新闻事件里,有些媒体在具体报道中并没有做到客观真实,而是对事件的细节进行虚构,并揉进一些夸张性的内容,或是对部分小的情节进行再加工和放大,以扩大其社会影响。当然,虚构一些情节与造谣是有所区别的,虚构细节是在事实或是部分事实真实的基础上形成的,而造谣则属于典型的子虚乌有。

第三节 危机公共关系中媒体应对技巧

一、设立公关组织、聘请公关专家

危机事件发生后,相关部门要迅速组成专门处理事件的危机公关组织或公共关系部门。除了成立相关组织部门,还要聘请公关专家,并确定专人管理和媒体应对的事宜。没有专门的公关人员保证,危机公共关系将很难处理好。在中国,政府部门或军队普遍设立了新闻办,并确立了具体的对外新闻发布人员。而在企事业单位,同样也设有公共关系部或企划部,以应对危机公关之需。

在应对或处理危机事件时,所有的公共关系部或新闻办都需明确一定的工作职责,具体包括:第一,搜集与主体组织相关的信息;第二,界定主体组织公共关系的范围;第三,聘请专业的公关专家或顾问,并及时制定突发性事件的应急方案;第四,选择合适的新闻发言人,并为新闻发言人提供信息背景和安全帮助；第五，联系媒体，并定期为媒体提供相关信息；第六，联系社会有关公众，塑造组织形象。

在相关公关组织中，新闻发言人筛选要求较为严格。其中，新闻发言人要具有新闻发言人的基本素质，要懂得如何发布新闻并与媒体打交道。除此之外，还要学会有关新闻发布会的组织和策划，具体的工作技巧，尤其是对突发事件新闻的发布技巧。在平时，新闻发言人还有必要经常进行新闻发布会的模拟演练和实操，以此达到临阵不慌，并不至于被媒体记者的发问而难住。

二、发布事件真相、做出合理解释

危机事件发生后，有关部门要在第一时间指定专门人员指挥。而且，不经允许，任何领导和个人不能擅自对外发言，新闻发布要由指定的公关专家或新闻发言人对外进行。一般来说，在危机事件后，媒体记者总是要想方设法地找事件当事人或相关知情人打听信息，甚至不惜重金找一些人来打探内部消息。在事件没有公正处理前，任何相关个人的言语都有可能会被当成最大、最快的新闻公布出来，这种干扰非常可怕，极易影响舆论舆情。因此，在这个时候，专门指挥人员、公关专家或是新闻发言人要敢于面对危机，在做好充分准备后可以通过媒体向社会公众发布事件真相，并做出合理解释。

不过，在对外发布消息或真相之前，还需把握好几个要点：

第一，高明的专门指挥人员或公关专家是利用媒体，而水平不够的专门指挥人员或公关专家是被媒体牵着走。

第二，对事件的解释要合理中肯，不能牵强附会或敷衍了事。

第三，要用事实和真理讲清公理，尽可能用大道理说服小道理。

第四，勇于承认错误，并且态度诚恳，尽量列示改正错误的措施。

第五，不能对事件相关人员或媒体进行强行压制，不能乱删帖子。

三、分清媒体先后次序、分布治之

危机事件发生后，所有媒体记者的首要目的或主要目的就是最大限度地报道危机事件。基于这一目的，各类媒体都会迅速赶来获取第一手信息。而且，为了充分获取事件信息，媒体记者之间还会达成某种默契并相互交流信息。事实上，媒体之间的相互交流与团结并不有利于对危机公共关系的处理。这时，危机公关组织或部门在平等对待各类媒体的前提下，应对不同媒体时还要分清先后次序。除此之外，还要尽可能分而治之，不让媒体团结一心，并要尽量得到部分媒体的支持。关于对待媒体的先后次序，还应从以下几个方面着手：

第一，千万不要也不能冷落网络媒体。

第二，和地方媒体相比，尽量做到中央媒体优先。

第三，和非主流媒体相比，尽量让主流媒体优先。

第四，和小媒体相比，尽量让大媒体优先。

第五，和一般性媒体相比，尽量让关系较好的媒体优先。

第六，和外地媒体相比，更可能让本地媒体优先。

第七，尽可能得到部分媒体的支持，让其为你所用并替你说话。

四、与媒体合作、转危机为机遇

从某种程度上来讲，任何一次危机事件的发生也都是一次重新塑造形象的机遇。谋划得好,那么就能够将坏事转为好事,将危机变成提升形象、知名度以及美誉度的好事。当然,这离不开谋略、策划和设计,更离不开媒体,而且需要借助媒体。要达成与媒体的良好合作,首先需要建立特定的新闻中心,并定期给媒体配送信息资料或新闻稿。其次,组成网络宣传队伍,定期监控网络动态。在现代媒体的影响中,网络媒体是最为棘手的,其他媒体则往往是一次性的,且持续发酵的机会不多。但是,网络媒体则不同,甚至你最害怕什么、最担心什么,网络中都可能会出现。有些时候,在网络水军和推手的影响下,"蝴蝶效应""多米诺骨牌效应"都可能在网络中出现。最后,在与媒体合作时,要承担相应的社会责任,不搞歪门邪道,尤其不能不顾社会道义和社会责任。

学习示例:

钱云会案:2010年12月25日,浙江省温州市乐清市蒲岐镇寨桥村发生了一起交通事故,该村村委会前主任钱云会被一辆超载的重型工程车压死。事后,关于钱云会的死因一时众说纷纭,网络和媒体质疑不断,给当地公安机关顺利破案以及人民法院公开开庭审理带来了很大压力。在尊重事实、实地调查的基础上,公安和法院还原了事件经过,得出了最后的结论并做出了令人信服的判决。

该起案件在最初时,媒体质疑声不断,给公安机关和人民法院破案带来了压力和疑点,司法机关不仅要客观判案、拿出最有信服力的证据,还要向社会公众解释清楚各类疑点。为了有效应对来自媒体舆论舆情的质疑,乐清市公安机关和人民法院坚持以事实为准绳,没有刻意删帖子、

> 灌水帖、被媒体牵着走，而是借助中央电视台《新闻调查》栏目，主动给媒体和公众一个合理的解释，最终赢得"公权力"应有的尊严和尊重。

第四节 危机公关中媒体关系的维护与操作

一、媒体关系的基本内容与特性

所谓媒体关系是组织机构与报纸、电视、电台、杂志等大众传播媒介的关系，主要是与新闻界的关系。良好的媒体关系可以把组织机构需要输出的信息最大限度地传播出去，同时，又从媒体方面获取组织需要的信息。

媒体关系是公共关系工作对象中最敏感、最重要的一部分，也是现代传媒和社会公共科学的研究系列之一。一方面，新闻媒体是组织与公众实现广泛、有效沟通的必经渠道，具有工具性；另一方面，新闻媒体人员又是组织必须特别重视的公众，具有对象性。所以，在危机公关中，组织与媒体是一对相互补给的关系，二者相互依赖、相互利用。处理得好则可以呈现良性互动的状态，有利于危机的解决，处理得不好则立即呈现敌对的状态，不但无法化解危机，还可能让危机向着更可怕的方向发展。

二、媒体关系对危机公关的重要性

危机沟通是危机公关的重要组成部分，对媒介关系的探讨又是这一过程的基础。危机是一种不稳定变化的状态，会不断地改变和消长,其发展过程具有阶段性。对于危机公关的阶段,管理专家有多种说法,米特罗夫(Mitroff)和皮尔逊(Pearson)认为有效的危机公关应该包括五个阶段,即讯号侦察期、准备及预防期、损害抑制期、复原期及经验学习期。而在整个过程中,危机主体做到让公众正确认识危机、引导公众走向利于危机解决的方向至关重要。不过,媒体关系也因其自身的特点而成为危机公关体系中不可或缺的内容。

媒体与公众合一,决定了媒体关系是一种传播性质最强、公共关系操作意义最大的关系。建立良好的媒体关系有着重要的意义,具体表现在两个方面:一方面,良好的媒体关系就等于良好的舆论关系。新闻报道的热点,往往成为公众热议的话题,直接影响着公众舆论的走向。因此,组织公共关系的一项重要任务就是努力建立一个良好的媒体关系。另一方面,建立良好的媒体关系是有效运用大众传播手段的前提。组织的信息能否被大众媒体所报道,以及报道的时机、频率、角度等等,其决定权并不在组织的公共关系机构,而在记者、总编等专业的传播界人士那里。因此,与新闻界人士建立广泛良好的关系,是成功利用大众传播媒介传播信息的必要前提。

三、政府危机公关中媒体关系的维护与操作

由于公共危机本身的影响关乎公共利益,所牵涉的范围较广,这要求政府更要注重与媒体的沟通工作,而不能单纯地"粉饰太平"或控制负面舆论。如果政府作为危机处理的主体,我们一般归为公共危机媒体沟通过程,即是在一种危机时刻,政府部门或相关单位为应对媒体关注、报道,回应社会舆论,所付诸执行的行为与做法是一种动态过程。而且,这一动态过程具体包括危机信息处理和危机新闻信息发布,以对危机现场进行

有效应变。

第一，危机信息处理。危机信息处理主要由危机信息搜集、判断以及危机信息通报构成，同时还涵盖了政府内部相关部门的信息处理工作。一般情况下，危机变化情形难以预料且无规则，能否行之有效地处理危机信息，将直接影响政府的危机公共关系处理成效。在不同的危机沟通阶段，信息的需求会依情况而异。其中，在危机潜伏期，信息主要针对内部沟通；而在危机爆发期，信息的需求则转变成告知大众组织的响应政策。在危机发生初期，为了能够在最短时间内掌握危机事件发生的原因和舆论走向，政府危机公关部门最好通过政府内部信息通报系统，及时把控更多更准确的信息并得知最新情形，并将最新的信息通报给相关业务单位或新闻媒体，以利于掌握危机处理时效的关键点。

第二，危机新闻信息发布。危机爆发期，政府与媒体关系的维护与操作将由信息的需求转变成告知大众组织的响应政策。而在这一过程中，有关新闻发言人设置以及新闻发布将成为此时政府对外最重要的媒体沟通桥梁。中国政府的新闻发布制度与新闻发言人制度自2003年以后就有了较成熟的发展。而且，国务院新闻办、各省市县新闻发布制度也已形成，并逐步向央企及更基层组织延伸。新闻发言人的角色则是政府的形象代言人，其主要任务就是构建与外界媒体的桥梁，负责与媒体打交道并正确、合理地传达信息。最后，新闻信息的发布指政府新闻发言人对外公布危机真相，以响应媒体并澄清负面或不实报道的行为。此外，新闻发布方式具体包括召开记者座谈会、对外发布新闻稿以及利用信息手段上网公布等。

四、企业危机公关中媒体关系的维护与操作

一般而言,社会大众对企业危机事件的知晓绝大程度上是通过媒体或媒介获取的。因此,对企业危机而言,媒体不只是危机传播者,也是危机的潜在构成者。而且,企业的较大部分危机是由媒体的不实报道或虚构事件引起的。此外,危机事件发生后,媒体也是企业与社会公众的中间关联方,媒体为危机中的利益各方提供了一个意见交流平台,以致于各方能够通过媒介表达各自的观点并争取各自的利益。由此来看,企业与媒体关系的好坏,在一定程度上会影响到企业的社会公众形象。尤其是在市场经济环境下,企业不得不深刻认识媒介环境下的媒体功能,并尽可能维护好与媒体的关系。

为了维护好常态的媒体关系,企业在处理危机公共关系时,必须指定职能部门或专职人员来负责协调媒体关系,或者临时抽调或委任专业的公关专家来处理问题。企业在设立专职部门时,应该注重以下几点:第一,专职公关机构或职能部门应该与地方政府部门保持长期稳定的良好关系,力争能在企业危机发生的第一时间里得到有价值的信息;第二,公关机构还要有大众传媒人脉,或者具备相关经验的从业者;第三,在现代媒体占主导地位的时期,企业公关机构或职能部门还应时刻监控网络不良信息的传播,并随时关注其他新媒体的动向。

媒体关系维护与操作的有效机制对企业正确处理危机沟通中的媒体关系十分重要。危机事件的发生是一个过程,并在不同阶段中有着不同的特性。因此,在危机的预防期、爆发期、延续期以及恢复期,都应该实施有差别化的操作行为。首先,在危机预防期,应该完善制度、开展专业化培训,并维护好与媒体的日常关系。其次,在危机爆发期,应该在第一时间召开新

闻发布会,并让媒体最大化地了解危机事件的真实信息。再次,在危机持续期,应该积极策划信息传播计划,有效把控好媒体的舆论走向。最后,在危机恢复期,应该运用媒体对企业进行有效宣传,从而对企业自身的形象和美誉进行重构。

经典案例分析

一、案例介绍

2007年末以来,三鹿集团公司(系三鹿集团股份有限公司简称)就陆续接到消费者关于婴幼儿食用三鹿牌奶粉后出现疾患的投诉。但三鹿集团公司并没有认真展开调查,也一直努力寻求办法来掩饰所存在的问题。2008年3月,全国首例肾结石婴儿病例出现在南京后,类似病例陆续在全国多省被发现。于是,北京、南京以及长沙等地的多名家长开始投诉三鹿集团公司,称患病婴幼儿在出生后一直吃三鹿牌奶粉。不过,三鹿集团公司并未对此做出回应,也没有对此危机事件进行妥善处理(如信息披露、产品召回、治疗患病婴幼儿并进行适当补偿等)。2008年6月,三鹿集团公司在产品检测中发现非蛋白氮含量异常,确定奶粉中含有三聚氰胺。7月24日,三鹿集团公司将十六个批次的婴幼儿系数奶粉送往河北省出入境检验检疫局检验技术中心检测,并在送审过程中隐瞒了此为三鹿牛奶样品的事实。此后,三鹿集团公司在8月1日获悉送检产品中十五个批次含有三聚氰胺后,将此物质取名为A物质。从事发之日起,三鹿集团公司仅在确定婴幼儿奶粉中含有三聚氰胺后才向归属地石家庄市政府报告情况,但未采取积极补救措施,导致事态进一步扩大。

2008年9月8日,《兰州晨报》等媒体首先以"某奶粉品牌"为名爆料毒奶粉事件,而三鹿集团公司则稳坐泰山,一副事不关己的模样。次日,国家质检总质对三鹿奶粉进行抽样检验。9月11日凌晨3时,三鹿集团公司作为毒奶粉的始作俑者而被新华网曝光。但是,三鹿集团公司于10时通过人民网公开回应,"三鹿是奶粉行业的品牌产品,严格按照国家标准生产,产品质量合格,目前尚无证据显示涉事婴幼儿是因为吃了三鹿牌奶粉而致病"。当日20时50分,中国卫生部发布消息称,"经调查,高度怀疑三鹿集团公司生产的三鹿牌婴幼儿配方奶粉受到三聚氰胺污染。三聚氰胺可导致人体泌尿系统产生结石"。直到9月21日,三鹿集团公司才发布产品召回声明,并称公司自检发现2008年8月6日前出厂的部分批次三鹿婴幼儿奶粉受到三聚氰氨的污染,市场上大约有700吨。9月12日,卫生部同中华医学会组织专家制定了《与食用受污染三鹿奶粉婴幼儿配方奶粉相关的婴幼儿泌尿系统结石诊疗方案》,供临床参考使用。当日下午,三鹿集团公司对外发布事件调查结果,所得出的结论是"不法奶农向鲜牛奶中掺入三聚氰胺造成婴幼儿患肾结石,不法奶农才是本次危机事件的真凶",并通过国家卫生部发布会,发表"召回婴幼儿奶粉声明"。9月15日,三鹿集团公司向食用三鹿婴幼儿配方奶粉导致的患儿及家属道歉,但在道歉信中并未对自己公司内部问题进行反省,只强调是外部原因。

2008年9月16日,石家庄市委做出决定,"鉴于三鹿集团公司法人代表田文华对事件负有很大责任,责成新华区区委免去田文华石家庄三鹿集团公司党委书记职务,按照董事会章程及程序罢免田文华董事长职务,并解聘其总经理职务"。与此同时,石家庄市委向河北省委报告,建议经由相关法律程序,免去石家庄市分管农业生产的副市长张发旺的职务，同时免去市畜牧水产局局长孙任虎的职务。同日晚，石家庄市人大常委会召开会议，免去了石家庄食品药品监督管理局局长、党组书记张毅和石家庄市质量技术监督局局长、党组书记李志国的党内外职务。同年12月25日，石家庄市政府在新闻发布会上宣布，三鹿集团公司资不抵债，破产清算申请已经被石家庄市中级人民法院受理。2009年1月22日，社会备受关注的三鹿刑事案件分别在石家庄市中级人民法院和无极县人民法院等四个基层法院一审宣判。被告人张玉军犯以危险方法危害公共安全罪，判处死刑，剥夺政治权利终身；被告人耿金平犯生产、销售有毒食品罪，被判处死刑，剥夺政治权利终身，并处没收个人全部财产；被告单位三鹿集团公司犯生产、销售伪劣产品罪，判处罚金人民币4 937.4822万元；被告人田文华犯生产、销售伪劣产品罪，判处无期徒刑，剥夺政治权利终身，并处罚金2 468.7411万元。

二、案例启示

一家知名企业从无到有的成长过程可能需要几十年甚至是上百年，但从有到无可能不到一年时间。毒奶粉事件让三鹿集团公司这个资产达十几亿元的企业仅在三个多月里，由辉煌走向了衰亡。导致三鹿集团公司倒在这场危机事件中的主要原因在于生产有毒有害产品严重危害到人民群众的生命健康，但缺乏相应危机公共关系管理和应对意识，面对媒体曝光而采取种种错误策略则是三鹿集团公司迅速走向衰亡的助推器，具体表现在：

一方面，面对媒体对危机事件的曝光，企业没有及时进行应对。事实上，毒奶粉事件早在2007年末就陆续收到消费者的投诉,反映婴幼儿在食用该品牌奶粉后出现尿液变色或颗粒的现象。随后该事件在《兰州晨报》等媒体中被逐步曝光。但是,三鹿集团公司并未对这些引为重视,直到后续过程中越来越多的消费者开始投诉奶粉质量问题时,才开始检验奶粉质量问题。更重要的是,在自察危机到采取行动的近半年间,三鹿集团公司对该危机事件无所作为,延误了危机事件发生初期的最佳公关机会。

另一方面,试图隐瞒危机事件真相,妄图蒙混过关。在自检测查出婴幼儿配方奶粉存在三聚氰胺污染后,试图隐瞒该种物质。其中,最具典型的事例就是,2008年7月24日将十六个批次婴幼儿系列奶粉送往河北省出入境检验检疫局检验技术中心检测时,瞒报了送检样品为三鹿奶粉的事实,并在集团内部将三聚氰胺取名为A物质。直到全国出现许多婴幼儿因服用三鹿牌奶粉后,出现泌尿系统结石等严重病患以及多例婴幼儿死亡事件时,三鹿集团公司还仍旧遮掩事件真相,忽视广大消费者利益,企图蒙混过关。

尽管这一重大产品质量危机事件的主要原因是三鹿集团公司产品不合格以及内部管理不善而造成的,但是,企业在危机事件爆发后,为了其自身的短期利益而采取无视公众利益、隐瞒事实、知毒卖毒、推卸责任等错误行为,以及不予理睬媒体曝光也未能与媒体进行有效沟通等错误公关策略是导致三鹿集团公司在危机事件发生后迅速走向衰亡的直接原因。事实上,危机无处不在、无时不有且难以预测,然而,只要能够采取合理高效的危机应对策略和危机公关措施,仍然能够让企业在遭受重大损失甚至是毁灭性打击后绝处逢生,化危机为机遇。从三鹿集团公司的毒奶粉危机事件中,我们可以得出以下教训。

第一,积极面对危机,并与媒体组织进行迅速而有效的沟通。在危机事件发生后,面对各类媒体记者、政府官员以及顾客公众的质疑与责难,企业应该时刻保持冷静的头脑,积极采取应对措施,加强与媒体以及社会公众的有效沟通,通过与媒体的真诚合作,在尽可能避免对组织形象的不利报道,同时通过媒体发布致歉信息、善后处理方案和处理进展。

第二,把公众利益置于首位,保持防患于未然的忧患意识。公众利益至上是处理任何危机事件的基本原则。从危机公关或危机管理的角度来看,无论谁是谁非,事件当事组织都应该以公众的利益为核心,主动承担责任并妥善处理善后事宜,唯此才能赢得公众的理解。另外,组织内部因素所导致的危机爆发总会是一定的征兆,如果没有防患于未然的忧患意识,那么就很难在危机萌芽中将潜伏的危机事件消除。

思考题

1. 如何正确理解现代媒体与传统媒体的共性和个性特征?危机公共关系中,如何有效实现二者的互补?

2. 现实社会中,舆论舆情有哪些示例?如何辩证地看待舆论舆情的发生机制及其社会影响?

3. 如何看待媒体与危机公共关系的关联性?政府和企业在危机公关中的媒体关系维护与操作有什么区别?

第六章

危机公共关系的记者应对

知人者智,自知者明。胜人者有力,自胜者强。

——道家学派创始人,老子

 **学习目标**

通过对本章学习,了解记者的工作特点以及记者采访与提问的方式;掌握危机公关中应对记者的礼仪;熟悉应对记者的技巧;学会应对中的口语交际艺术和书面交际艺术。

 **导入案例**

信息论的创始人克劳德·艾尔伍德·香农(Claude Elwood Shannon)认为:"信息是用来消除随机、不确定性的东西。"在组织层面,行之有效地应对记者,并及时、准确地发布有关危机事件的信息有助于对危机事件发展态势有效的把控,从而引导社会公众以一个积极、乐观的态度面对危机事件,并有序地参与危机事件的应对和处理。

1. 2002年11月16日,SARS非典型肺炎(严重急性呼吸系统综合征)事件在中国广东顺德首发,并在2003年迅速扩散全国及东南亚国家。事件发生后,中国政府与世界卫生组织全面合作,及时召开新闻发布会,通报非典型肺炎的防治情况。

2. 2008年5月12日,四川省汶川县映秀镇与漩口镇交界处(北纬31.01度、东经103.42度)发生8.0级地震,共造成69 227人死亡、374 643人受伤、17 923人失踪,直接经济损失8 452.15亿元。为保证抗震救灾工作的开展,中央政府决定成立抗震救灾总指挥部,并向媒体记者及时通报险情、伤亡情况以及抗震救灾工作进展。

3. 2011年7月23日，由北京南站开往福州站的D301次列车在甬温线浙江省温州市境内，与杭州站开往福州南站的D3115次列车发生动车组列车追尾事故，造成六节车厢脱轨，40人死亡、172人受伤。事件发生后，国务院立即成立"7·23"甬温线特别重大铁路交通事故调查组，并及时向全国人民和媒体记者通报事故经过、应急处理进展以及事故原因调查结果。

第一节　记者的特点及采访与提问方式

记者是信息传播的专业化产物，是新闻发现和新闻采写的第一人。现代传播要求记者有一双鹰一样的眼睛，并在无数的信息中迅速发掘出有价值的信息或新闻。危机公共关系中要合理、高效地应对记者，那么首先需要了解记者的特点，并掌握记者的主要采访方式和提问方式。

一、记者的职业特点

从心理学上说，人们总是喜欢看新鲜的、奇怪的以及刺激的新闻，这是社会大众的本能欲望。记者是以发现新闻和追逐新闻为职业的，现代媒体需要记者的采访不仅有创意，而且要不断产生新点子、新思想和新思路。现代媒体的制度改革，即要求记者的职业道德又要求他们能够围绕社会主义核心价值观去歌颂社会。为了在日益竞争的现代媒体中保持一定的竞争力，记者总是会寻找一个突破口，然后猛烈爆料，制造轰动效应或新闻舆论，以此来赢得社会的强烈反响和关注度。

通常来讲,记者的职业特点主要有四点。第一,具有好奇心。记者的好奇心是对什么事情都感兴趣,并且有一双鹰一样的眼睛,不断捕捉问题、发现问题并提出问题。第二,行动快。行动快是记者进行新闻采访并在竞争的媒体市场中占有一席之地的重要要求,一旦有了新闻线索,那么他们往往会不辞劳苦地在第一时间赶到现场并进行采访。第三,具有怀疑精神。敢于怀疑一切事实,从"鸡蛋里挑骨头"是记者的重要特征。第四,敢于大胆说话。在新闻报道中,记者要敢于说真话、说实话,并且敢于发表一些别人想说又不敢说的观点。

二、记者的采访方式

在信息化时代,记者的采访方式也呈现出多元化的发展趋向。总的来讲,其采访方式主要有四种,即传统化的常规方式、隐蔽式的偷拍暗访、"道听途说"式的采访以及与相关人员私下交流等。

第一,传统化的常规方式。传统化的常规方式就是指记者通过问答的方式对受访对象进行直接的面对面采访。这种采访是记者直接面对被采访人且与受访人直接交流,所以所获取的新闻信息也是最为直接的第一手资料。

第二,隐蔽式的偷拍暗访。当部分事件或某些人不能或无法通过正常途径进行采访时,记者还会选择一些隐蔽式的偷拍暗访方式。并且,在暗访时,记者总是会隐瞒自己的身份,以一种无关人员的身份出现,以便让受访者放松警惕,最终达到采访的目的。

第三,"道听途说"式的采访。如果传统化的常规方式和隐蔽式的偷拍暗访仍无法获取相关的新闻资料或信息,这时记者还会采访一些事件的知情人、证人或是现场目击者。不过,鉴于这种方式所得到的新闻信息资料毕竟不是第一手材料,而且所得到的信息也未经证实,有时容易出现被曲解或歪曲事实的可能。

第四,与相关人员私下交流。由于某种原因,记者无法对某些事件进行直接性的正常采访,也不可能进行偷拍暗访,所以他们就会选择与一些相关人员进行私下交流和沟通,以此获取一些事件的信息。这种采访模式在某些时候能够达到一些效果,但也存在着无法保证信息质量的风险。

三、记者的提问方式

为了获取更多的消息,记者总是会积累一些提问方式方法。而且,提问方式方法得当,就有可能避免出现一些无意义的话题,并且在最短的时间内从受访者身上获取更多、更有效、更直接的信息。一般来讲,记者的访问方式有多种。

第一,直接提问。直接提问是最为常见、最简单的提问方式。在新闻发布会或交流会上,记者能够直接就某一事件开门见山地提出具体问题,无需更多的限制性条件和提问技术。而且,直接提问的方式最容易被理解,也最方便回答。

学习示例:

十二届全国人大五次会议闭幕后,国务院总理李克强会见中外记者并回答记者提出的问题时,新加坡联合早报记者:总理,您好。我的问题是,今年是本届政府的收官之年。您认为过去四年多最重要的成就是什么?最难攻克的又是什么?

资料来源:中国政府网、新华网《国务院总理李克强回答中外记者提问》。

第二,假设性或引导性提问。假设性提问是指记者预设了一个话题环境,并在话题范围内让受访者回答假设的话题。引导性提问则指记者提前先限定一个话题环境,让受访者就这一具体问题进行回答。

学习示例:

十二届全国人大五次会议闭幕后,国务院总理李克强会见中外记者并回答记者提出的问题时,美国有线电视新闻网记者:总理,您好。特朗普总统一直对华发表一些批评性言论,表示中国偷窃了美国就业岗位,批评中国汇率政策以及中国在维护地区安全上做的不够。我们还了解到,很有可能最早就在下个月,中美两国元首可能会实现会晤。基于此,我们对于美国希望从中国得到什么已经有了一些概念,我想问,中国希望从美国那儿得到什么?中国对于一个健康可持续发展中美关系的底线是什么?您是否有信心实现这样的中美关系的发展?还是觉得前路比较艰难?

资料来源:中国政府网、新华网《国务院总理李克强回答中外记者提问》。

第三,套问、追问和逼问。套问就是在一个问题中还夹杂有其他问题,一个问题中套着另一个问题,这种提问方式在对外记者招待会上较为常用。追问和逼问是在提问者对受访者所给出的回答不满意或不清楚时,继续提出相关或相应的问题,追根刨底地想获取答案。

学习示例:

十二届全国人大五次会议闭幕后,国务院总理李克强会见中外记者并回答记者提出的问题时,人民日报记者:总理您好。我们注意到这四年来您一直都抓住简政放权这件事情不放松,今年政府工作报告也显示,您所要求的本届政府要精简1/3的行政审批事项的任务已经提前完成了,那么剩下的2/3呢?这项工作要不要继续往下推进,如果要继续的话您准备怎么推进?谢谢。

资料来源:中国政府网、新华网《国务院总理李克强回答中外记者提问》。

第四,迂回设问和设置圈套提问。对于一些复杂性的提问,记者总是要受访者对此类问题给出一个较全面的回答。有时为了达到预期的目的,而采用迂回式的提问方式,即间接性或旁敲侧击地寻求回复。设置圈套提问则是指记者人为地、有意地设置一个话题,看受访者如何识别这个圈套。

学习示例:

十二届全国人大五次会议闭幕后,国务院总理李克强会见中外记者并回答记者提出的问题时,路透社记者:总理你好,我的问题也跟就业有关。今年中国政府准备进一步减少无效供给,扩大有效供给。在这一过程中,政府需要确保下岗工人能找到新的工作,并确保他们的生计安全问题。如果我是一名矿工或是钢厂工人,我能在本省找到什么样的新工作呢?今年预计哪些部门会出现工作岗位增加?谢谢。

资料来源:中国政府网、新华网《国务院总理李克强回答中外记者提问》。

第二节 危机公关中应对记者的礼仪

进入现代信息社会后,危机公关过程中难免会存在着与记者打交道的时候,而在应对记者的各种刁难提问时不能丢失本该具有的基本礼仪,尤其是外表礼仪和体态礼仪。也只有时刻保持着应有的礼仪,才能在危机事件发生后,实施行之有效的应对措施。

一、礼仪的基本概述

礼,主要指礼节和礼貌,也指因为道德观念和风俗习惯而形成的礼节。仪,主要指仪表和外貌,也表示人的外表或举动。礼仪和交际规范就是人们在社会交往中长期形成的,以一定的约定俗成的程序或方式来表现出律己敬人的过程。从内容来看,礼仪具体涉及穿着、交往、沟通以及情商等多个方面的内容。总之,礼仪既有个人的属性,是每个人都需要注重的,同时也具有社会属性,属于任何社会群体都会遵守的基本礼貌。懂得礼仪是一个人的文明表现,不懂得礼仪则是一个人的粗野体现。

礼仪具有审美价值。比如,我们在夸赞一个人美丽时,除了会称赞她的仪容相貌,还会进一步称赞她的文明、大方、优雅,而且举手投足和言行表述都合乎着礼仪规范。除此之外,礼仪还具有文化价值。从历史维度来看,礼仪是一个民族长期积淀的成果,是人类社会逐渐总结出来的行为规范。而且,礼仪与知识具有正向关联性,通常有知识的人都比较懂得礼貌,并会懂得尊重他人、不冒犯他人的尊严。而没有知识的人通常在礼仪方面做得不够好,言行举止都没有遮拦。

礼仪规范通常包含着两层含义,即应该做什么和不能做什么。其中,应该做什么所表示主体思想即为主动去做一些礼仪,而应该主动去做却没有去做或是没能做好,那就不符合礼仪规范。此外,礼仪规范的另一层意思就是不能做什么,具体指人与人之间的交往中总有一些言行不能去做,如何做了就会表现出不礼貌,比如说话交谈过程中夹带着脏字或是刺激人的口头语。

二、应对记者的外表礼仪

危机事件发生后,公共关系部门的相关工作人员总是会接待各种类型的记者和媒体,那么在接待中就要保持基本的待客之道以及符合身份的外表。注重外观与穿戴礼仪不仅能提升危机公关人员的自信,还能给媒体记者一个好的印象,从而有助于危机公共关系中的信息沟通与对外联络。此外,服饰又可作为"服饰语言",不同的服饰表达出不同的品位、不同的审美思想、不同的知识水平以及不同的处世态度。总体来讲,公共关系部门的相关工作人员在应对记者的外表礼仪时应该突出以下两个要点。

第一,关于服装和穿戴的要求。通常在不同标准下,服装总是能够划分为不同的类型。比如,从风格上来说,可以划分为庄重保守的工作装、活泼靓丽的时髦装以及潇洒随意的休闲装。从性别上来说,可以划分为女性服装和男性服装。从年龄来看,可以划分为青年装和中老年装。从季节时间区段来说,可以划分为春秋装、冬装和夏装。公共关系部门的相关工作人员在服装穿戴方面应该注重几点要求,具体包括:要符合大众审美的要求;符合季节转换和时空环境;符合性格角色、年龄以及民族习惯;符合自己身份以及对面的人物(比如记者);符合自己的身高和长相。

第二,关于化妆与配饰的要求。作为危机事件的公关组织团体,所有妆容与配饰要合理搭配,尽可能地表达出代表组织的精、气、神。在妆容方面,不论男女,只能化淡妆,夸张的浓妆很不适宜公关工作人员,而很有可能破坏组织的形象,毁坏组织的理念。在配饰方面,公关人员在工作期间只能佩戴最简单、较不起眼的配饰(诸如工作牌、身份标识牌、细小的戒指和项链等),不能戴手链、足链或粗大的戒指和项链。抛开公共关系,仅从审美意义上来说,服饰的佩戴与一个人的审美品位、知识水平具有密切关联。

三、应对记者的体态礼仪

体态礼仪,也称为体态语言、行为语言或势态语言,属于一种辅助性语言表现方式,主要指通过人的手势、表情、动作等表现手法来交流思想和表达情感。体态语言是一种没有声音的伴随性语言,而且在现实交际中对有声语言起着配合、替代以及补充的辅助性作用。在危机公共关系过程中,保持标准化的体态礼仪来应对媒体记者是任何公关工作人员需要具有的能力。在现实应对过程中需要把握好几个要点。

第一,明白体态礼仪的基本功能。体态礼仪具有指代功能、辅助功能、弱化功能以及调节功能四项基本功能。其中,指代功能主要指人们运用非语言手段指示、替代语言手段所要传播的信息。另外,体态礼仪一般会配合有声语言运用,这种辅助性的功能更有利于语义的充分表达,从而收到预期的良好表达效果,这就是体态礼仪的辅助功能。所谓的弱化功能则指体态礼仪所强调的非语言的交际功能。最后,体态礼仪能够在不经意间根据交际的需要而进行自我调节,以此来适应交际的场合,这些动作都具有调节功能。

第二,了解体态礼仪的具体运用。事实上,体态礼仪的运用并非只表现在语言这一层面,还会从表情、眼神、身势和手势等方面来表达公关工作人员所要达到的目的。首先,体态礼仪能够运用表情这一要素。表情就是感情或情绪的外在和表面形式,一般意义上的表情主要指面部表情,但广义的表情还能宽泛地理解为一切体态语言或礼仪。其次,体态礼仪能够运用眼神这一要素。俗话说,眼睛是心灵的窗户,是人的精神面貌的具体展现,而且一个人的内心世界都能够从眼睛里表现出来。现实生活中,不同的眼神还可能表现出人的不同精神气质和为人品格。再次,体态礼仪能够运用身势这一要素。身势也即身体的势态,和表情、眼神一样,能够传递各种信息,并表现出各类情感。一个人的身势往往能够反映出他对人对事的态度,也能反映出他的文化素养和气质风度。最后,体态礼仪还能够运用手势这一要素。手势指在交际中运用手和臂的各种动作来表达思想感情或传递信息,而且,手势也是人类历史上除语言之外最重要的交际手段。手势在大多数情况下是一种自觉行为或习惯动作,既能够表示形象和数字,又能够指示事物和方位。

第三,熟悉日常使用的基本语言礼仪。基本语言礼仪是所有危机公关工作人员所必须掌握的技能。公关工作人员在接待媒体记者时首先要使用普通话,这是给予对方最起码的尊重。除了普通话,公关工作人员还需要多使用敬语。因为敬语就是讲话时使用的有礼貌语言,表示对人的赞美、恭敬以及尊重等意思。而且,使用敬语也是有礼貌、有品位的具体表现,能够突显出对媒体记者或来宾的尊重。其中,敬语具体包括称呼、问候以及致谢等三个方面。称呼是对人的最起码礼貌,对不同年龄、不同身份、不同性别的媒体记者要有不同的称呼,并且尽可能在正规场合使用官称。另外,人们在一段时间不见面后,在再次见面时总要先打个招呼,那么这个招呼实质上就是问候。最后,请人办事或是会见媒体记者后,在结束时一定要致谢,虽然是套话,但总是能够给人展示出一种礼貌的态度。

第三节 危机公关中应对记者的技巧

危机事件发生后,在进行危机公共关系处理时难免会与媒体记者打交道,这时也不能排除会遇到个别刁难的记者,同时也无法排除个别别有用心的记者。那么,在面对上述类型记者时,公关工作人员除了要有心理准备,还要掌握一些具体的应对技巧或策略,诸如预设一个话题环境和时间约束、适当地转移概念或调换论题、使用外交语言或者严厉驳斥等。

一、预设一个话题环境和时间约束

事实上,面对这种比较具有刁难言行性质的记者,危机公关中的应对技巧主要有事前应对和事后应对两种类型。其中,预设一个话题环境和时间约束属于事前应对技巧或策略。正如字面意思,预设一个话题环境和时间约束也就是说在应答记者提问前,给记者设定一个"窄窄的话题环境"。这个"窄窄的话题环境"实质上就是允许记者提三至五个问题,这样的话,记者提问就不会大而无当,也不会出现围绕问题随意提问的现象。而且,预设一个约束性的话题环境有利于引导记者挑选最重要的问题提问,而这些最重要的提问极有可能是公关工作人员或新闻发言人已经准备好的话题。除了预设一个话题环境，还有必要设定一个提问的时间限制，比如三分钟到五分钟的提问时间等。在设定时间约束后，记者就不会乱提问题，反而挑最为紧要的问题提问，这样也有利于公关工作人员或新闻发言人应对自如。

> **学习示例：**
>
> 　　新闻发言人在现场接受采访时，可以这样说："记者同志，您好。您也看到了，我们现在的工作重心是处理事件。但您的到来我们很欢迎，我也真心想配合您的宣传和报道工作。这样吧，让您提三个问题，我来回答。"
>
> 　　这样的开场白就是给记者预设一个话题环境和时间约束，有理有利而不给记者难堪，同时也不会让记者无休止地采访下去。

二、适当地转移概念或调换论题

正如前文所提及的，危机公关中的应对技巧主要有事前应对和事后应对两种类型，而适当地转移概念或调换论题则属于典型的事后应对技巧。在现实中，公关工作人员或新闻发言人在很多时候常会面临记者提出的有些问题确实不能回答或不好回答。那么，在这个时候就可以用转移概念或调换论题的办法来应对。事实上，转移概念或调换论题并不意味着公关工作人员或新闻发言人对媒体记者的提问进行拒绝回答或是有意规避，而是以幽默的方式或拐弯抹角地回复记者的提问。另外，在某些实为尴尬的时候，还可以通过调换论题的形式间接地回复记者们所提出的问题。

学习示例：

　　李肇星回复美国得克萨斯老太太提问：在美国俄亥俄州大学演讲时，一个老太太向中国驻美大使李肇星提问："你们为什么要'侵略'西藏？"李肇星没有直接反击，而是亲切地询问道："夫人，您是哪里人？"老太太回答道："我是得克萨斯人。"李肇星表现出极大的耐心，细细地讲道："你们得克萨斯州1848年才加入美国，而早在13世纪中叶，西藏已纳入中国版图。您瞧，您的胳膊本来就是您身体的一部分，您能说您的身体侵略了您的胳膊吗？"老太太乐了，心悦诚服。

　　资料来源：百分网《外交经典语录》

三、使用外交语言或者严厉驳斥

　　关于事后应对技巧，危机公关中还存在着一种使用外交语言进行规避，或者对部分具有挑衅性的行为可以进行严厉驳斥。有新闻发布或交流会上，有时记者的提问实在是不好回答或是不方便回复，那么在这种情景下还可以使用外交语言进行适应地规避。因为外交语言就是看似回答了问题，但实际上又没有抓住；看似没有回答问题，但其实在回复的里面又包含了回复的内容。而且，在某些时候，记者的提问方式属于套问型提问，通常在大问题里套着小问题，所提出的问题也比较尖锐。面对这种提问，使用外交语言进行回复就是比较好的规避方式了。另外，在当记者的提问表现出明显性的挑衅倾向时，为了捍卫组织的尊严，公关工作人员和新闻发言人可以严厉地当面驳斥。

> **学习示例：**
>
> 　　李肇星答记者问：2006年全国"两会"上，台湾记者问李肇星："如果有机会当面对陈水扁讲话，你最想和他讲什么？"李肇星立即非常气愤地回答："我凭什么当面对他讲话，他是谁？"
>
> 　　又有记者追问："日本媒体传您即将引退的消息是否属实？"李肇星不改其"彪悍"作风，反问记者："你信日本人的，还是信我的？如果信他的，不用来问我。"
>
> 　　资料来源：百分网《外交经典语录》

第四节　危机公关中的记者交际艺术

在危机公共关系中，应对媒体记者除了要了解记者的特点及采访与提问的方式，掌握应对记者的礼仪和具体技巧，还要灵活运用相应的口语和书面交际艺术。本部分内容将着重介绍危机公关中的同记者交际的艺术，具体包括口语交际艺术的基本概述与主要技巧、书面交际基本概述与主要技巧。

一、口语交际艺术的基本概述

生活在现实社会里，人人都要同其他人交往，同时也要在吃、住、穿、行、工作以及生活中同各方面形形色色的人打交道，这就是交际。而在具体交往过程中，要借助语言表达出自己的主要思想与想法，也要借助语言去理解他人的思想与想法，这就是人与人之间的口语交际。事实上，人们的一切交际几乎都是在建立在口语交际的基础上完成的，或者是以口语交际为基础而延伸的。电脑、电话、报纸、杂志、电视、电台等大众媒体的产生，也都是对口语交际的补充，是为了弥补口语交际的不足而产生的，属于口语交际的延伸。总之，口语交际就是人们日常生活中最基本的、最重要的基础交际。

口语交际既是一门科学，也是一门艺术。口语交际要因人而异、因时而异，具体的表述要讲究时间、场合、身份以及口气，同时还要选择适当的词汇，运用得体的修辞手段。所以，将口语交际称为口语交际艺术并不为过。人类社会已有百万年历史，但可以这样说，自人类诞生开始，口语交际就已出现在人类生产之中，并伴随着人类的生产发展而不断进步和发展。另外，将口语交际称之为艺术也是因为口语交际的博大精深。对于那些善于交际的人，说话时侃侃而谈、娓娓动听，总是能把别人的注意力吸引到自己身上，并让周边的视听者跟随自己的思路。

口语交际就是说话，口语交际的礼仪就是指人们说话时总是要遵守各种礼节和禁忌。在现实生活中，人人都会发言，个个都会说话，但并不是每个人都能把话说得很得体，也并不是人人都能够把话说得很贴切。不是什么话都能说，也不是什么话都敢说；不信口开河，不随口乱说；有些话在一些场合可以说，但在其他场合就不能说；有些话在一些人面前可以说，而在另外一些人面前又不能说。那么，上述几个要点就是口语交际的基本礼仪。总而言之，见什么人说什么话是口语交际礼仪的一个最基本的规则。

二、口语交际艺术的主要技巧

不管是在理论上还是现实中，应对记者的口语交际艺术的技巧很多，同时也具有多种分类模式。但是，总体来讲，口语交际艺术的主要技巧还是表现在适时、适度、适量以及知情四个方面。

第一,口语交际要适时。所谓的适时,主要指现实中的口语交际要在该说时说,在该止时止。当然,适时性也意味着在该说时一定要说,绝不能畏缩、不能胆怯,且话语一定要到位。在公关场合或新闻发布会上,所要表述的内容讲少了,那么媒体记者就有可能无法理解你所要表达的意思,那么如此的公关活动就无法达到言语交流的目的。另外,适时性也表现在口语交际时根据时空环境的灵活转换。也就是说,在不同的交际环境中,要学会运用不同的口语交际方式。或是在面对不同类型的记者时,选择不同风格的语气,千万不能不顾场合而只顾自己。兴之所至、信口开河是口语交际中的大忌。

第二,口语交际要适度。口语交际的适度主要指根据不同的场合把握言行的得体度,根据不同对象把握言行的深浅度,根据自己的身份而把握言行的分寸度。兴之所至、胡乱讲话,而且不注意说话的适度,就容易在危机公关中处于弱势地位。其中,口语交际的得体即为言行的恰当。口语交际得体的首要原则就是时刻提醒自己注意身份。另外,口语交际的适度还包含了时刻注意交际的语言微观环境,也即语言表述者当时当地的氛围。而且,在不同的微观环境中,公关工作人员或新闻发言人的口语表述口气、语调、角度以及用词均不一样,口语交际的实际效果也是不同的。

学习示例:

丘吉尔与罗斯福的"坦诚相见":1941年12月珍珠港事变后,英国的首相丘吉尔亲自访问华盛顿,美国总统罗斯福以上宾之礼，招待他在白宫住下。有一天，罗斯福突然来访，丘吉尔刚泡完浴，围着毛巾走出浴室，一不小心掉了毛巾，罗斯福总统很尴尬，正准备转头离去，丘吉尔首相急中生智，神情自若地说："你看，英国首相对美国总统可是坦诚相见，没有任何隐瞒的！"从此，丘吉尔和罗斯福因"坦诚相见"而建立起的互信与私交，促使美国加入二战并奠定两国的同盟关系。

上述外交故事中，一方面体现出丘吉尔的语言机智，另一方面也体现出口语交际艺术的重要性。在不同的交际环境中，我们要学会运用不同的口语交际方式。

第三，口语交际要适量。所谓的适量，就是指口语交际过程中要做到适可而止，这里也包括了对口语表述时间的控制问题。对于某一观点，只要表清楚、明白即可，切记喋喋不休、没完没了。此外，口语交际的适量除了指口语表述的适当，同时也包括了口语表述的音量适宜。而且，适量并非只指少说为佳，适量与否应以是否达到了语言表述目的为衡量标准。最后，适量还包括了口语表述不要有废话。要尽可能地避免缺乏语言逻辑、语言不通的表述。

学习示例：

周恩来的"一字千金"：1946年重庆谈判之后，周恩来又肩负重任，率领中共代表团到南京与国民党再次进行谈判，他的雄辩才能使对手深为折服。有一次，谈判进行还没几个回合，周恩来就把对方的谬论驳得体无完肤。但是对方并不接受，反而恼羞成怒地叫嚷道："与共产党谈判简直是'对牛弹琴'！"周恩来听后，只是轻蔑地一笑，慢条斯

> 理地巧妙回敬了对方："对！牛弹琴！"
> 　　周恩来妙用标点符号断句重组，针锋相对地将对方的叫嚣比作"牛弹琴"，既形象生动又极具杀伤力，从而既摆脱了自我困境，又迫使对方陷入无言以对、无地自容的窘状。

第四，口语交际要适情。通常来讲，语言中的具体用词用句，除了能够表达特定的意思之外，还会附带着一些感情色彩。而且，口语交际带上适当的感情色彩可以增强表达效果。所谓的适情，主要指口语表述中要注意适当的感情，并选择对的、好的、适宜的感情和表情。简而言之，口语交际的适情也就是指选用特定具有感情色彩的词语，以具体区分感情，并选择性地流露出某种感情。在危机公关中，与媒体记者的交际也可以根据组织的具体需要，而选择性的在口语交际或信息公布中融入情感，以此达到预期的效果和目的。

三、书面交际艺术的基本概述

除了口语交际之外，还存在着一种较为重要的交际形式，即书面交际艺术。从相关语义上来看，书面交际过程中所使用的媒介就是文字，这意味着书面交际与口语交际在内涵、性质以及规律方面有着根本性的不同之处。其中，口语交际对具体语境的依赖性较强，而且能够根据相应的场合而借助体态语言或辅助性语言来达到语言表达的目的。与之不同的是，书面交际主要凭借的是文字，不存在具体的语言环境和交际场合，也无法借助手势、体势、情态、表情等辅助性手段。除此之外，书面交际相比口语交际更为正式，不具有口语交际的随意性，在具体的语言表述中较少有重复、省略以及跳跃的情况。

在危机公共关系中,书面交际艺术比较适合文章写作的逻辑,并表现出一系列的特性。诸如,文体使用得当,符合阅读者和书写者的身份,用词潜句符合规范,也不会出现过多的错别字和语法毛病。另外,书面交际语体的种类较多,在现实中比较常见的有四种语体,具体包括公文事务语体、政府语体、科技语体以及文艺语体。不同的语体有着不同的特点,也适用于不同性质的书面交际情景,那么危机公关则要根据组织的具体需要选择对应的语体模式和表述方式。

四、书面交际艺术的主要技巧

在本质上,书面交际艺术是组织形象的书面化,是组织形象的语言表现形式。由于书面交际的分类较多,所以危机公关中与记者的书面交际技巧也具有多样性。因此,各类组织在应对危机事件时,与记者交流和沟通一定要根据具体需求而选择合适的书面交际技巧。

第一,注重文体规范性。由于书面语的文体种类较多,所以要根据不同的实际情况和具体需要而选择合适的书面语文体,以确保书面交际的文体规范。一般来讲,上行文适用于下级给上级汇报工作,下行文适用于上级对下级发放具体命令或通知,而平行文则适用于没有隶属关系的平级之间的协调与交流。在危机公共关系中,公关部门与媒体记者之间大多属于平级性质,所以,在具体的信息交流或传达中比较适合选择平行文。不过,在书面交际中,经常会出现以下几种技巧性错误,比如错用通知、自我主张发文件、混淆请示与报告的区别等。

第二,书面表述不能说空话和大话。随着经济社会的发展和进步,语言表达的意义可以称得上是越来越丰富。通常情况下,在与记者的书面交际中要确保用词的准确性、表达的贴切性。不过,有时为了某种需要或达到某种目的,还会选择一些模棱两可的表述方式,从而故意地不让记者理解组织的核心思想。因此,足以看出,书面交际的语体就是表达思想的工具,而且所表达的思想大都属于组织的思想。不过,在实际的书面交际中,还是要尽可能地避免空话和大话,因为这种空话和大话不能够有效地应对危机,反而还会存在着某种潜在的负向影响。

第三,把控好具体的文体风格。在书面交际中除了要注重文体的规范性,还要用对文体、用好文体,并把控好不同文体的文字风格。不同的文体具有不同的文字风格,而不同的文体风格又能表现出不同的"味道"。在具体的危机公共关系中,由于书面文体在某种程度上能够代表着组织的意志,所以,对于公关工作人员和新闻发言人要熟悉各类文体的区别和特征,并熟练地运用不同的文件和文字风格而表达组织的核心意志。

经典案例分析

一、案例介绍

2008年9月20日,位于山西省临汾市霍宝干河煤矿发生责任事故,造成一名矿工死亡。霍宝干河煤矿位于山西省临汾市洪洞县堤村乡干河村,由霍州煤电公司和宝钢集团公司共同出资组建,矿建工程结束于当年3月,在事发时一直处于安装调试阶段。该事件中的死者名叫吉新红,41岁,系临汾市洪洞县曲亭镇北柏村人,事发后霍宝干河煤矿进行了善后赔付处理并于9月22日安葬死者。2008年9月下旬,霍宝干河煤矿的工作人员在浏览中国乡镇企业网站时发现了有关霍宝干河煤矿矿难事件的报道,遂托人想办法从中国乡镇企业网站删除该文章。中国乡镇企业杂志社、中国乡镇企业网工作人员张向东在了解情况后,以报道有误为由,找到中国乡镇企业杂志社网络部主任删除该文章。张向东以删除矿难文章和正面报道为由,收取霍宝干河煤矿23.8万元费用。9月28日,中国经济视点编辑部工作人员相志灏和《山西商报》记者张长年先后以了解事故为由,告知霍宝干河煤矿在中国煤炭网上也存在着矿难事故的帖子。为了删除中国煤炭网上帖子,霍宝干河煤矿约请了相志灏和张长年,并在当场支付了1.5万元删帖费。9月底,山西长兴文化传播有限公司董事长兼总经理刘小兵在知晓霍宝干河煤矿矿难事故后,伙同《法制日报》山西站记者企图对霍宝干河煤矿进行不正当采访,并以收取宣传费和资料费的名义敲诈勒索了霍宝干河煤矿3.95万元。

据霍宝干河煤矿核实,在矿难发生后,9月24日和25日两天就有二十三家媒体的二十八名所谓的记者登记来访。其中,持有国家新闻出版总署颁发新闻记者证的有两人,其他人员都未持有国家新闻出版总署颁发的新闻记者证。而且,据霍宝干河煤矿统计,在发生危机事件以来,该煤矿以广告费、宣传费、订报费等名义给六家媒体的记者共支付了12.57万元费用。其中,向《山西法制报》临汾发行站支付2 000元订报费,向山西《科学导报》支付1万元宣传费,向中国教育电视台"安全现场"栏目支付1.92万元资料费,向假冒中央媒体记者支付3.45万元宣传费,向《绿色中国》杂志记者支付1万元会员费,向山西广播电台记者支付5万元正面宣传费。另外,部分来访的记者还声称车内汽油不够,要求帮助解决加油问题,并多次索取了300~500元不等的加油费共计1 900元。

2008年9月25日,"西部时报"驻山西记者戴骁军用手机拍摄下了上述新闻界耻辱的一幕,即真假记者在矿难之后争先恐后地赶到出事地点,不进行客观地采访报道,而去索要所谓的正面宣传费、删帖费和"封口费"。9月27日,戴骁军以"天马行空"网名将《霍宝干河煤矿,太难瞒报发放封口费》为题的文章发至"直播客"视频分享平台。随着转帖网站的增多,这一新闻记者索要宣传费的影响日益放大,一时激起了新华社、《中国青年报》、《南方都市报》、《南方周末》以及《财经杂志》等主要媒体的跟进报告和评论,以致该事件被完全曝光于社会公众。最后,从新闻出版总署获悉,霍宝干河煤矿矿难"封口费"事件的五名涉案人员分别被判处九个月至一年的有期徒刑。

二、案例启示

霍宝干河煤矿矿难"封口费"事件是一个典型的为了隐报危机事件而向媒体记者行贿的案例。也就是说,在危机事件发生后,涉事企业没有及时把握危机公关的最佳时机,并向相关政府职能部门、媒体记者以及社会公众通报危机事件真相,而是选择了一种隐报、瞒报的策略。其最终结果就是事件成为部分牟利性媒体记者的把柄,不仅没有把该矿难危机事件隐瞒下来,还因此而支付了十余万元的宣传费、删帖费或"封口费"。总而言之,霍宝干河煤矿在此次危机公共关系应对和管理问题上违背了真诚沟通、承担责任原则,同时也没有在危机事件发生后针对媒体记者做出快速反应和合理应对。从另一层面来看,媒体记者索要宣传费、删帖费或"封口费"这种伪公关现象的社会危害极大,不仅败坏了媒体记者客观、正义、公正等名声,而且对危机公共关系的应对和管理产生了错误的引导。

思考题

1. 记者的职业特点有哪些？如何看待记者不同类型的采访方式和提问方式？

2. 如何看待礼仪的价值表现？除了外表礼仪和体态礼仪，你认为危机公共中应对记者的礼仪还有哪些？

3. 危机公关中，应对记者是否具有技巧性？如何看待应对技巧在危机公共关系中的现实意义？

4. 危机公共关系中，应对记者是否需要交际艺术，理由是什么？如何区分口语交际艺术与书面交际艺术的差异性？口语交际艺术与书面交际艺术在危机公关中的作用分别是什么？

参考文献

1. 丁光梅著:《媒体公关和危机管理理论与实务》,经济管理出版社,2015。
2. [英]格里高利编,张婧、幸培瑜等译:《公共关系经典译丛——公共关系实践》,北京大学出版社,2008。
3. 侯书生、孙思著:《公共危机管理与公共关系维护》,红旗出版社,2013。
4. 李敏编著:《公共危机管理典型案例》,人民出版社,2014。
5. 刘霞著:《公共危机治理》,上海交通大学出版社,2010。
6. 马志强编著:《现代公共关系案例教程》,上海交通大学出版社,2012。
7. 马志强编著:《现代公共关系概论》,上海交通大学出版社,2012。
8. 马志强编著:《现代危机公共关系概论》,首都经济贸易大学出版社,2015。
9. 梅文慧著:《信息发布与危机公关》,清华大学出版社,2013。

10. 唐钧著:《公共部门的危机公关与管理:政府与事业单位的危机公共关系解决方案》,中国人民大学出版社,2007。
11. 唐钧著:《应急管理与危机公关:突发事件处置、媒体舆情应对和信任危机管理》,中国人民大学出版社,2012。
12. 王宇著:《风险视域下的公共危机事件报道研究》,中国传媒大学出版社,2016。
13. 吴宜蓁著:《危机传播:公共关系与语艺观点的理论与实证》,苏州大学出版社,2005。
14. 肖群鹰,朱正威著:《公共危机管理与社会风险评价》,社会科学文献出版社,2013。
15. 游昌乔著:《危机公关:中国危机公关典型案例回放及点评》,北京大学出版社,2006。
16. 于晶著:《危机公关:理念、制度与运作路径》,华东师范大学出版社,2014。
17. 张宁,张洁主编:《公共传播视野下的社会风险与危机传播》,中山大学出版社,2015。
18. 赵麟斌主编:《危机公关(上、下)》,北京大学出版社,2010。

图书在版编目(CIP)数据

危机公共关系理论与实务/邓彦龙编著.—上海：复旦大学出版社，
2018.1(2024.1重印)
(上海百万在岗人员学力提升读本)
ISBN 978-7-309-13311-0

Ⅰ.危… Ⅱ.邓… Ⅲ.公共关系学 Ⅳ.C912.31

中国版本图书馆 CIP 数据核字(2017)第 252461 号

危机公共关系理论与实务
邓彦龙 编著
责任编辑/秦 霓

复旦大学出版社有限公司出版发行
上海市国权路 579 号 邮编：200433
网址：fupnet@fudanpress.com http://www.fudanpress.com
门市零售：86-21-65102580 团体订购：86-21-65104505
出版部电话：86-21-65642845
上海四维数字图文有限公司

开本 890 毫米×1240 毫米 1/32 印张 5.125 字数 109 千字
2024 年 1 月第 1 版第 6 次印刷

ISBN 978-7-309-13311-0/C·356
定价：32.00 元

如有印装质量问题，请向复旦大学出版社有限公司出版部调换。
版权所有 侵权必究